JESUS
E A RUÍNA DE ADÃO

Perichoresis Press
Jackson, Mississippi

Jesus E A Ruína De Adão
ISBN: 978-1-960761-55-2
Written by C. Baxter Kruger
© C. Baxter Kruger 2025

Sobre o Autor

Baxter Kruger é casado com Beth há 40 anos. Eles têm quatro filhos e quatro netos e moram em Brandon, Mississippi. Ele recebeu seu doutorado no Kings College da Universidade de Aberdeen, na Escócia, sob a orientação do Professor James B. Torrance. Dr. Kruger é autor de 10 livros, incluindo os bestsellers internacionais *De Volta À Cabana*, *Patmos*, e seu pequeno livro inicial, *A Parábola Do Deus Que Dança*, além de diversos ensaios, centenas de horas de ensino e uma variedade de estudos online—todos disponíveis em perichoresis.org. Dr. Kruger tem viajado pelo mundo há 30 anos proclamando a boa nova da nossa inclusão em Jesus e seu relacionamento com o Pai no Espírito. Ele gosta de cozinhar camarões, esculpir iscas de pesca à mão, jogar golfe e adora passar tempo com seus netos.

Layout: Karen Thompson, Austrália Ocidental
Tradução: Ellen Buttram, Kentucky, EUA

Aos meus pais,
que me ensinaram a andar,
e me deram a liberdade para correr.

Sumário

Prefácio

Vinte e dois anos atrás me deparei com o curto, porém, grandioso tratado de Santo Atanásio, *A Encarnação do Verbo*. Ao ler suas palavras, minha imaginação, como diria C. S. Lewis, foi batizada. Eu sabia que algo muito real estava pedindo a minha atenção e a minha lealdade. Atanásio continua sendo um dos meus teólogos favoritos até hoje, em parte por causa de sua paixão, em parte por causa de sua simplicidade, mas, principalmente pela forma como suas palavras são repletas da inconfundível Palavra viva.

No Ocidente, somos treinados para prestar atenção cuidadosa ao lado racional e lógico da teologia. Em Atanásio, temos consciência de uma presença, uma presença de peso, com sua própria racionalidade e beleza inerentes. Para Atanásio, existe, portanto, uma regra não declarada para o verdadeiro pensamento teológico, uma regra que exige respeito, e, na verdade, obediência completa. Certamente somos livres para ignorá-la. Somos livres para inventar a nossa própria teologia, para utilizar qualquer lógica que consideremos importante, a menos que queiramos saber a verdade. Tomando emprestado um grande dizer de Michael Polanyi, existe um "conhecimento tácito" em ação na teologia, como existe em todas as disciplinas científicas. Ignoramos isso por nossa conta e risco.

Eu não sabia na época, mas, meu encontro com Atanásio e com a racionalidade transcendente que descobrimos em seus escritos criou sérios conflitos dentro de mim. Aprendi o calvinismo desde o ventre de minha mãe e desde cedo fui fortemente influenciado pelo pensamento evangélico. Mas a verdade magistral da qual Atanásio dá testemunho de forma tão eloquente não se coaduna nem com o calvinismo nem com o pensamento evangélico moderno. O mesmo acontece, claro, com a teologia liberal, mas isso é outra história. O problema não é tanto que as teologias calvinistas e evangélicas estejam todas erradas. O problema é que elas estão em descompasso com a verdade mais óbvia, porém, mais profunda – a encarnação do eterno Filho de Deus. Há uma lógica estranha em ação em ambos os sistemas de pensamento que distorce a verdade e obscurece a surpreendente realidade realizada na pessoa de Jesus Cristo.

Na profunda obra de T. F. Torrance, que é, na minha opinião, o Atanásio do Ocidente moderno, descobri que não estava nem um pouco sozinho. Tive o privilégio de fazer minha tese de doutorado sobre a teologia do Professor Torrance, sob a tutela magistral de seu irmão James, na Kings College, em Aberdeen, na Escócia. Encontramos em Torrance o mesmo conhecimento tácito que está presente em Atanásio e o mesmo espírito de paixão implacável seguindo a sua lógica. Este livro é uma tentativa de fazer o mesmo, com referência particular à morte de nosso bendito Senhor Jesus Cristo. De certa forma, o livro representa a versão traduzida e esclarecida do cerne da minha dissertação. Porém, é mais do que uma repetição de coisas antigas. O batismo de vida, de alguma forma traduz a teologia – se decidirmos prestar atenção. Espero que os anos entre aquela época e agora tenham me ajudado a transmitir a mensagem. Ficarei desapontado se não for assim.

Estes são tempos desesperadores para a Igreja no Ocidente. Desde o Iluminismo, a Igreja perdeu a sua posição na cultura mais ampla – e a sua confiança para proclamar. Vejo ambos os problemas como sendo resultado de uma perda anterior da visão cristocêntrica, e, portanto, trinitária.

Para Atanásio, a notícia mais impressionante do universo é a notícia da encarnação do eterno Filho de Deus. A contemplação de um acontecimento tão surpreendente, apesar das perversões heréticas, o levou a esclarecer a doutrina cristã da Trindade. Tal movimento envolveu uma revolução massiva de pensamento – tanto judaico como grego – e ajudou a formar a mentalidade básica do pensamento cristão autêntico.

Através dos séculos, Atanásio nos chama a assumir a mente patrística e a pensar – ou a *repensar* – tudo no universo, incluindo, principalmente, a vinda e a obra de Cristo. Ele nos convida a levar a sério o fato de que Deus é Pai, Filho e Espírito, e, a colocar o universo do conhecimento humano sob a mira da lógica trinitária. Os irmãos Torrance, juntamente com Karl Barth e muitos outros, aceitaram o desafio. Ofereço este livro como uma contribuição esperançosa para a recuperação da teologia trinitária e evangélica da Igreja antiga. Estou convencido de que tal recuperação não só trará renovação para a Igreja no Ocidente, mas também lançará uma visão que irá capturar a imaginação da cultura mais ampla.

Com isto, estou articulando a paixão do ministério da Perichoresis, que foi fundado há sete anos em Jackson, Mississippi, com o único motivo de promover a recuperação do evangelho. Não é um chamado fácil e não estou ansioso para reconhecê-lo. Seria muito mais fácil varrer a nossa bagagem ocidental para debaixo do tapete e continuar a brincar de igreja como se nada estivesse errado. Mas tal negação flagrante não é o caminho a seguir, e, certamente, não é a ordem que nos cabe. Sou extremamente grato ao Padre Scott de Hart e ao Dr. Robert Lucas – ambos batizados na mente patrística –, que se dão ao trabalho de falar contra o cativeiro agostiniano da Igreja Ocidental. Estou também grato aos presbíteros da Igreja Episcopal de Santo Estêvão. Eles são grandes homens, veteranos experientes que conhecem e amam o evangelho. Eles me acolheram, encorajaram e compartilham a visão de uma verdadeira renovação.

Nos últimos sete anos, nosso ministério expandiu-se de formas imprevistas, incluindo o nascimento e florescimento do nosso ministério irmão em Adelaide, na Austrália. Lá tive o privilégio de realizar palestras anuais sobre pericorese por vários anos. Se achar este livro útil, agradeça a Deus pela Austrália, pois, foi a fome dos irmãos em Adelaide que o fez surgir. E graças a Deus pela comunhão da Perichoresis em Jackson, pois, proporcionou o apoio financeiro necessário para sustentar o nosso ministério à medida que alcança o mundo.

Por outro lado, a criação do Instituto para o Estudo da Teologia Trinitária, em Janeiro, abriu novas portas para um ministério muito mais amplo. O ISTT se dedica a elaborar uma teologia nova e prática para os nossos dias, fiel à Trindade, à encarnação e à tradição da

Igreja antiga, e, acessível ao cidadão comum. Lecionar no Instituto me proporcionou a oportunidade de fazer as revisões finais deste livro. Grandes agradecimentos a St. Stephens por nos permitir usar seu querido Cenáculo para as palestras do Instituto.

Enfim, como abençoar aqueles que o amam infinitamente e se sacrificam constantemente por sua causa e seu bem-estar? Aos meus pais só posso dizer: Obrigado. Espero que este livro retorne pelo menos algumas das bênçãos que vocês derramaram sobre mim.

C. Baxter Kruger, Ph.D.

Introdução:

Enxergando claramente através de um vidro

A percepção não é tudo, mas, certamente domina a nossa experiência com cada pessoa, evento, situação ou lugar que encontramos. É algo que não podemos evitar. Interagimos com o mundo ao nosso redor com base em nossa percepção dele. Fica óbvio, portanto, que uma das chaves para a intimidade no nosso casamento é a capacidade de rever a nossa percepção um do outro. O mesmo acontece na ciência. Se quisermos penetrar nos mistérios do nosso mundo, a nossa percepção em relação a ele deve estar em constante revisão. O Novo Testamento refere-se a essa revisão da nossa percepção como arrependimento – a reorientação radical da nossa mente. Os discípulos de Jesus aprenderam com uma experiência difícil que os seres humanos têm uma maneira de impor as suas próprias ideias a Deus. E aprenderam que, ao fazê-lo, não só criamos um deus a partir da nossa própria imaginação, como também sentimos falta do Deus real e, portanto, da alegria e bênção de Sua presença.

Não é de se surpreender, portanto, que o Novo Testamento esteja repleto de ordens constantes de arrependimento, pois todos nós trazemos uma "bagagem mental" considerável para nosso relacionamento com Deus, uns com os outros e com toda a criação. Assim como duas pessoas inevitavelmente trazem hábitos de pensamento, vivência e relacionamento para o seu casamento, todos nós trazemos hábitos mentais para a nossa discussão sobre Jesus Cristo – quer tenhamos consciência disso ou não. Crescer no nosso casamento significa, no mínimo, que temos de nos tornar conscientes dos nossos hábitos de pensamento e de relacionamento, e conscientes da forma como esses hábitos envenenam a possibilidade de real intimidade. É praticamente o mesmo no empreendimento científico. Se quisermos desvendar os mistérios do cosmos, devemos encarar o fato de que obscurecemos a verdade das coisas ao impor-

11

lhes as nossas próprias ideias. Da mesma forma, o caminho para um conhecimento mais profundo e verdadeiro de Jesus envolve uma consciência crescente de nossa bagagem mental e da forma como a nossa própria bagagem obscurece o Jesus verdadeiro.

A ideia de "bagagem mental", entretanto, não é necessariamente algo ruim. As nossas ideias e conceitos, nossas categorias, suposições e noções funcionam como um par de óculos, por assim dizer, através dos quais percebemos e compreendemos o mundo ao nosso redor. Sem algum tipo de óculos mentais seríamos cegos e não teríamos como conceber as realidades que nos cercam, ou processar a infinita variedade de informações que chegam até nós. Seria como tentar dançar com alguém na escuridão total ao som de três ou quatro músicas diferentes ao mesmo tempo. O fato de todos nós termos óculos mentais – e inevitavelmente usá-los – não é onde reside o problema. A dificuldade reside no fato de termos a prescrição errada. Isto é, as nossas ideias e categorias, conceitos e pressupostos são distorcidos. Há, portanto, uma diferença muito real entre a bagagem mental em si e a *bagagem* mental.

É aqui que reside a crise do conhecimento humano, se nos referimos a duas pessoas que procuram conhecer uma à outra no casamento, ou a um cientista que busca conhecer as complexidades do cosmos, ou a uma pessoa que busca conhecer a Jesus Cristo. Se quisermos realmente conhecer qualquer coisa como ela é, devemos lidar com nossa *bagagem*. Devemos refinar nossos instrumentos mentais para que sejam cada vez mais adequados àquilo ou a quem queremos conhecer. Caso contrário, daremos um tiro no pé dos nossos próprios sonhos. A falta de arrependimento, a falta da revisão inerrante da nossa bagagem mental significa que estamos impondo nossas próprias ideias estranhas ao mundo e às pessoas que nos rodeiam, condenando-nos, assim, a viver num mundo gerado pela nossa própria imaginação.

O preço de tal imposição no casamento é a falta de verdadeira intimidade e companheirismo. Como poderíamos chegar a "conhecer" a outra pessoa, se estamos de fato recriando essa pessoa à nossa própria imagem e nos relacionando apenas com a imagem que inventamos? Na ciência, o preço de impor as nossas próprias ideias à realidade é a perda da descoberta e todas as suas imensas recompensas. Na fé cristã, é a perda do conhecimento de Jesus Cristo. Forçar as nossas próprias ideias sobre Jesus é um desastre singular, pois é somente conhecendo a surpreendente verdade sobre Jesus – quem Ele é e o que fez por, com e pela a raça humana – que seremos libertos da escravidão de nossa ansiedade profunda e debilitante e experimentaremos liberdade para viver. A esperança e a alegria que desejamos tão desesperadamente, a paixão e a coragem, a dignidade e a liberdade, a totalidade e a plenitude que ansiamos são fruto do conhecimento de Jesus Cristo. É à medida que passamos a conhecê-lo – o verdadeiro Jesus, como Ele é em si mesmo, como o Filho amado do Pai e o Senhor e Salvador da raça humana – que somos vivificados com esperança e liberdade e inspirados com vida e alegria que não provêm de nós.

Afinal, foi a pérola que tirou o fôlego do comerciante e o emocionou tanto que ele vendeu tudo o que tinha para comprá-la (MT 13:45-46). O comerciante não agiu por dever frio religioso; ele estava agindo a partir de um encontro com algo tão lindo, tão requintado e incomparável que conquistou seu coração. Remover a pérola da história é deixar o homem *consigo mesmo*, onde não há nada presente que desperte sua paixão, nenhuma pérola gloriosa para acelerar seu coração e inspirar sua alma. Isto é exatamente o que acontece conosco quando impomos nossos próprios preconceitos a Jesus Cristo. Nós nos privamos de "ver" a pérola, de encontrar a única coisa no universo que pode nos vivificar e nos preencher com a *vida* que não temos em nós mesmos.

Assim como a neta do comerciante não poderia ter vivido da inspiração do encontro de seu avô, nós não podemos viver da alegria da descoberta de Jesus feita pelos nossos antepassados. Devemos conhecê-lo por nós mesmos. Cada geração deve procurá-lo e encontrá-lo. Só então *nós* experimentaremos a ativação, a vida e a liberdade que a nossa alma anseia. Aqui reside o ponto de crise de cada geração na Igreja. É somente conhecendo Jesus que somos libertos para a vida, mas, o caminho para conhecer Jesus exige que reconheçamos a nossa bagagem e lidemos com ela. Devemos tomar consciência dos nossos hábitos de pensamento e examinar as nossas ideias herdadas que moldaram a nossa percepção de Deus. Isto por si só é doloroso e dispendioso, mas, também corre o risco de expor a teimosia de noções acalentadas. No casamento, reconhecer a nossa bagagem significa correr o risco de expor padrões familiares que a família pode preferir manter varridos para debaixo do tapete. Na fé cristã, examinar os nossos instrumentos mentais, trazer à luz os nossos hábitos de pensamento, as nossas ideias e categorias é correr o risco de revelar as inadequações, ou talvez mesmo a loucura da nossa teologia herdada. Seguir Einstein é necessariamente questionar Newton. Porém, Newton não era um homem pequeno nos parâmetros do pensamento ocidental.

Talvez seja mais do que acidental que as primeiras palavras de Jesus no evangelho de João formem uma pergunta: "O que você procura?" Não é esta a questão que cada novo casal no casamento enfrenta, e cada nova geração de cientistas, e cada nova geração na Igreja? É uma pergunta simples, na verdade, mas carregada. "O que você procura?" se traduz em: "É *relacionamento* real que você quer, *intimidade*? É a *verdade* que você procura? É *vida* que você busca? E implícita nestas questões está outra: "Você está preparado para fazer o que for necessário para encontrar o que deseja?" Goste ou não, o casamento, a ciência e a teologia vivem do arrependimento. Devemos estar dispostos a ter nossas mentes reorientadas. Devemos estar dispostos a repensar tudo o que pensávamos saber. Pois só quando revisamos os nossos instrumentos mentais é que seremos capazes de ver com mais clareza, e só quando vemos com mais clareza é que experimentamos a libertação, a alegria e a vida que recebemos através dessa visão mais clara.

O preço de Jesus Cristo, como diz C. S. Lewis, é desejá-lo.[1] O preço de desejá-lo é a disposição de converter nossas mentes, pois, não podemos conhecer Jesus – e assim experimentar a pura vida e liberdade que só esse conhecimento produz – se estivermos projetando nele os nossos próprios preconceitos. Nesse caso, não é o verdadeiro Jesus que conhecemos, mas uma invenção da nossa própria imaginação. Tal Jesus falhará para sempre em proporcionar a vida que buscamos, tão certamente quanto uma pérola falsa não teria conseguido tirar o fôlego do comerciante. E tal Jesus nos deixa sozinhos para tentar reproduzir o reino, o que nos deixa com um reino que nada mais é do que algo que podemos criar. Devemos estar dispostos a suportar a dor de encontrar uma receita melhor para nossos óculos. Recusar-nos a fazê-lo, interromper o processo e deixar nossos hábitos mentais sem exame, é correr o risco de perder completamente a visão real de Jesus Cristo e de nos condenarmos a uma vida, a um reino, a uma salvação criados por nós mesmos.

---

1 Veja seu ensaio "Three Kinds of Men," [Três Tipos de Homens] em *Present Concerns* (San Diego: Harcourt Brace Jovanovich, 1986) p. 22.

Capítulo 1:

Por Que Jesus Morreu

Por que Jesus morreu? Por que sua morte era necessária? O que realmente aconteceu ali e como isso transforma nossa vida e experiência humana? Seja nos relacionamentos, na ciência, na fé cristã ou em qualquer outra área da vida, se queremos entender algo com clareza, precisamos enxergá-lo como ele realmente é. Do contrário, corremos o risco de interpretações equivocadas, a menos que mergulhemos na essência e na dinâmica que definem sua verdadeira natureza. Em termos de acontecimentos como a morte de Jesus Cristo, devemos descobrir as realidades que criaram a sua necessidade. Devemos compreender o contexto de sua morte. Qualquer coisa menos que isso inevitavelmente causa um curto-circuito em nossa visão de Jesus, deixando-nos com uma versão distorcida, um Jesus sem vida, sem poder para inspirar, transformar e preencher. Clareza não é um detalhe opcional; é uma questão de vida ou morte.

Em termos mais amplos, existem dois grandes fatos que estabelecem a necessidade da morte de Cristo e que funcionam como o seu contexto adequado. O primeiro é o coração de Deus — e me refiro tanto ao propósito de Deus para nós quanto ao fogo em Seu ventre para que esse propósito seja cumprido a todo custo. A morte de Jesus Cristo faz parte de um movimento contínuo que começou na eternidade com Pai, Filho e Espírito, e teve o seu cumprimento na exaltação da raça humana com a ascensão de Jesus — uma exaltação à direita de Deus, o Pai todo-poderoso. Se quisermos compreender por que Jesus morreu, o que aconteceu na sua morte e o que ela significa para nós hoje, temos que voltar à eternidade, à *surpreendente* decisão do Pai, do Filho e do Espírito de nos incluir em seu círculo de vida partilhada. Pois a realidade que impulsiona a vinda de Jesus Cristo e o leva até a cruz é a paixão incansável e determinada do Pai em nos ter como Seus filhos amados. A primeira coisa a ser dita sobre a morte de Jesus Cristo é que Ele morreu porque Deus Pai todo-poderoso nos ama com um amor implacável, destemido e eterno, um amor que se recusa absolutamente a permitir que pereçamos.

O segundo grande fato que estabelece a necessidade da morte de Jesus é o que a Bíblia chama de "pecado", a profunda doença espiritual que se infiltrou na raça humana através de Adão. O pecado ameaçou a destruição da criação e do propósito eterno de Deus para nós. Jesus morreu porque Deus Pai se recusou a desistir dos Seus sonhos por nós, e porque a única maneira desses sonhos serem realizados, no contexto do pecado, era recriando a raça humana através da morte e da ressurreição.

O Fogo no Ventre de Deus

Entre as religiões da história humana e todas as suas visões de Deus, o que há de distintivo na visão cristã? O que a diferencia de outras visões religiosas? Há pelo menos dois fatos sem paralelo sobre o Deus cristão: O primeiro é a doutrina da Trindade. A segunda é a humildade de Deus. Em nenhuma outra religião temos um deus que se inclina, um deus que desce para entrar na história humana de forma tão inconcebivelmente pessoal. Mas aqui no Cristianismo temos um Deus que quer estar unido a nós e que está preparado para se humilhar e até sofrer para realizar tal união. Os deuses da imaginação humana são indiferentes à raça humana. Elevando-se acima de nós em sua glória, são distantes e inacessíveis — preocupados consigo mesmos e com coisas muito mais importantes do que a existência humana. Esses deuses existem eternamente separados de nós, e qualquer interesse seu nos assuntos humanos acaba sendo de natureza egoísta.

O Deus cristão é exatamente o oposto. Em marcante contraste com os deuses da imaginação humana, o Deus cristão não é egocêntrico, nem um tomador, mas um doador, e Ele despreza completamente a ideia de ser intocável. Desde o início, desde antes do início, Deus não é indiferente à raça humana, nem indeciso quanto ao seu futuro. Ele tem planos surpreendentes para nós. Na verdade, o Deus cristão está preocupado *conosco* e com o nosso bem-estar, e determinado a nos abençoar com vida, plenitude e glória. A visão cristã de Deus é a de um Deus que está ansioso por nos conhecer, por cruzar o abismo infinito entre o Criador e a criatura, e por se curvar até nós e nos elevar para que possamos fazer parte de tudo o que Ele é e tem.

Essa visão de Deus é absolutamente única. Nenhuma mente humana poderia conceber uma divindade com tanta graça, humildade e entrega ao outro. O Deus cristão não busca apenas um relacionamento conosco, mas uma união tão profunda que tudo o que Ele é e possui — toda a sua glória e plenitude, sua alegria, beleza e vida abundante — não apenas nos alcance, mas se torne nosso tanto quanto é dele. Desde o princípio, o plano de Deus foi entregar-se a nós, para que fôssemos preenchidos até transbordar com sua própria vida.

Parte do que João quis dizer quando fala que Jesus Cristo é a Palavra de Deus — o Verbo (João 1:1, 14) é que nunca houve um momento em toda a eternidade em que Deus quisesse ficar sem nós. O *homem* Jesus, o Filho *encarnado*, não é uma reflexão tardia ou uma deciçao posterior. Jesus, o Filho encarnado, a humanidade de Deus, é o prefácio eterno. A relação entre Deus e a humanidade realizada em Jesus Cristo não é um plano secundário: esta relação, esta união entre Deus e a humanidade em Cristo, é o plano *eterno* de Deus, que precede a própria criação. Seu propósito sempre foi tornar-se carne. Esta é a sua Palavra eterna, falada a partir do seu ser e caráter como o Deus que ama e que está determinado a nos abençoar além de tudo o que podemos pensar ou pedir. "Não somente Deus, mas Deus e o homem juntos constituem o conteúdo da Palavra de Deus atestada nas Escrituras."[2]

Por trás desta visão de Deus, que se inclina para abençoar e entrar em relacionamento e união com os seres humanos, está o fato de que Deus é Pai, Filho e Espírito. A Bíblia nos diz que o Pai *ama*

2 Karl Barth, *Church Dogmatics* (Edinburgh: T. & T. Clark, 1956), Vol. I/2, p. 207.

o Filho e que o Filho *ama* o Pai e que Eles compartilham todas as coisas no amor e na *comunhão* ilimitada do Espírito. Nada que possa ser dito sobre Deus é mais fundamental do que este amor mútuo e esta comunhão. Deus existe como Pai, Filho e Espírito em uma comunhão rica, gloriosa e transbordante de aceitação, deleite, paixão e amor. O sonho da existência humana começa aqui mesmo, na irmandade e união inabaláveis do Pai, Filho e Espírito.

Tudo o mais que vier a ser dito sobre Deus é uma variação deste tema, uma descrição desta relação entre Pai, Filho e Espírito. Quando falamos do amor de Deus, estamos falando do relacionamento do Pai, do Filho e do Espírito. Quando falamos sobre a santidade de Deus, estamos tentando descrever a totalidade, a pureza e integridade, e a beleza da comunhão da Trindade. Quando falamos sobre a justiça de Deus, estamos falando sobre a absoluta retidão do relacionamento deles. Quando falamos da plenitude de Deus ou da bem-aventurança de Deus, estamos falando da vida absoluta, da alegria irreprimível e da bondade indizível do Pai, do Filho e do Espírito.

Acreditar na Trindade é acreditar que Deus sempre foi e sempre será um ser relacional. A doutrina da Trindade significa que o relacionamento, a comunhão, a união e o compartilhar, a doação e a centralidade no outro não são pensamentos posteriores, mas a verdade mais profunda sobre o ser de Deus. O Pai não está absorvido consigo mesmo; Ele ama o Filho e o Espírito. E o Filho não está crivado de narcisismo; Ele ama seu Pai e o Espírito. E o Espírito não está preocupado consigo mesmo e com sua própria glória; o Espírito ama o Pai e o Filho. Dar, não receber; centralização no outro, não egocentrismo; compartilhar, e não acumular, é o que está na essência de Deus e no centro de sua existência como Pai, Filho e Espírito.

Quando o cristianismo diz Deus, diz relacionamento; diz amor abnegado expressando-se em comunhão ilimitada e unidade alegre e indescritível; não diz egocêntrico; não diz afastado, distante, desapegado, ou indiferente; não diz solitário, triste, entediado ou necessitado. Quando o cristianismo diz Deus, diz Pai, Filho e

Espírito existindo num relacionamento de aceitação, deleite e amor abnegado, um relacionamento que é tão verdadeiro, tão rico, real e bom, tão doador que a única maneira pela qual podemos descrever é dizer que Deus é três, mas totalmente um. Pois embora o Pai, o Filho e o Espírito permaneçam eternamente distintos, o amor que têm um pelo outro é tão puro, e a sua comunhão tão profunda que qualquer palavra descritiva que não seja "um" trai a pura realidade de sua união.

Tal é a visão cristã de Deus. Mas não ousamos parar por aqui. No momento em que falamos do relacionamento do Deus Triúno, falamos muito sobre todo o cosmos. Pois este relacionamento Trinitário, esta comunhão abundante e alegre, esta unidade indescritível de amor é o próprio ventre do universo e da humanidade que nele habita.

O universo, nosso sistema solar, a terra e a humanidade não são eternos. Houve um tempo em que eles "não eram". Houve um tempo em que não havia nada além do círculo da Santíssima Trindade. O mundo não estava aqui e a humanidade não tinha existência, nem possibilidade de existir. A criação — o nascimento e a existência do universo, da terra e de todos os seus habitantes, do maior ao menor, do mais óbvio ao invisível — foi um ato do Deus Triúno. Paulo nos diz que esta atividade criativa seguiu uma decisão prévia (Efésios 1:4-5). A criação foi fruto de um propósito, fruto de um coração determinado. Por trás da criação, como a força motriz de toda a atividade divina, como o pensamento na vanguarda da mente divina e do coração de Deus, estava a decisão de dar aos seres humanos um lugar no círculo da Trindade. Antes de os planos para a criação serem elaborados, o Pai, o Filho e o Espírito colocaram sobre nós o seu coração e uma filantropia abundante. Por pura graça, o Deus Triúno decidiu não acumular a vida e a glória trinitária, mas compartilhá-la conosco, *esbanjá-la* sobre nós.

Por que isso acontece, por que Deus é assim, por que o Pai, o Filho e o Espírito colocaram sobre nós a plenitude do seu amor e da sua graça generosa e determinaram um destino tão glorioso para nós, só podem ser respondidos examinando o amor mútuo do Pai e Filho e Espírito. Pois, de uma forma ou de outra, a existência de tudo, inclusive de cada ser humano, encontra seu propósito no amor profundo e permanente do Deus Triúno. Esse círculo de amor, esse círculo de intimidade, união e companheirismo, esse círculo de pureza, deleite mútuo e integridade eterna, é a matriz, a centralidade de todo pensamento e atividade divina.

O pensamento de compartilhar com outros — a ideia de dar, de incluir, de abençoar — e a determinação implacável de que assim seria a todo custo, flui diretamente da relação entre Pai, Filho e Espírito. Tal amor, tal doação, tal filantropia excessiva, tal centralidade no outro, desprendimento e cuidado sacrificial não são antinaturais para Deus. É assim que Deus é como Pai, Filho e Espírito. É a realidade mais verdadeira sobre Deus, a parte mais profunda do poço do ser divino. Mas por que o Deus Triúno dedicaria tal generosidade, cuidado e amor pródigo e determinado a nós é outra questão. Um ato tão surpreendente é consistente, perfeitamente consistente com o ser de Deus como Trindade, mas não necessário; não há nenhuma razão convincente para que deva ser direcionado a nós. Diante de tal amor, só podemos ficar maravilhados, surpresos e emocionados. A fé cristã começa com tal espanto.

Esta decisão que flui do ser e do caráter de Deus, esta decisão de compartilhar tudo o que o Pai, o Filho e o Espírito são e têm conosco, e a determinação incansável de que assim seria, é o contexto verdadeiro e adequado para a morte de Jesus Cristo. Ele morreu porque o Pai, o Filho e o Espírito recusaram-se terminantemente a voltar atrás nos seus sonhos por nós. "Porque Deus *amou* o mundo de *tal* maneira", diz Jesus, "que deu o seu Filho unigênito..." (João 3:16). Antes da criação, o Deus Triúno decidiu que a raça humana seria incluída no círculo trinitário de vida, plenitude, glória e alegria. E com essa decisão surgiu um fogo no ventre de Deus de que assim seria, não importa o que custasse. O Cordeiro de Deus foi realmente morto antes da fundação do mundo.

Qual foi a reação de Deus quando Adão caiu em pecado? O que Deus fez quando a raça humana e a criação foram lançadas na ruína e começaram a se desfazer? Deus jogou as mãos para o alto e foi embora, enojado? Ele disse a si mesmo: "Eu sabia que eles fariam isso, eles merecem perecer, deixe-os receber o que merecem"? Deus explodiu de raiva contra Adão e Eva pela sua audácia em desobedecê-lo? Ele ameaçou vingança? Seu sangue começou a ferver com planos de punição e retribuição? Não. A Queda de Adão e Eva foi encontrada pela eterna Palavra de Deus. O desastre do pecado de Adão, o caos e a miséria, a desolação e a escravidão da rebelião de Adão foram recebidos com um imediato, forte e intolerável divino "Não! Eu não criei *você* para perecer. Eu não criei *você* para se debater na miséria, para viver em uma dor terrível, em desolação, angústia e miséria. Eu criei você para a vida, para compartilhar da Minha vida e glória, para participar da plenitude e da alegria, da comunhão desimpedida, da bondade e da integridade que compartilho com Meu Filho e Espírito. E não aceitarei que seja de outra maneira. Assim *será*."

Mais de 40 vezes, João nos conta em seu evangelho que Jesus Cristo foi *enviado* por Deus Pai. João viu que a vinda de Jesus Cristo, a sua morte na cruz, fluiu do amor infinito do Pai por nós e de Sua determinação inabalável de que o Seu propósito para nós seria cumprido. A morte de Jesus Cristo é a revelação do fato de que o Pai nunca nos abandonou, nunca nos desamparou, que Ele se recusa a voltar atrás em seu sonho de nos incluir no círculo da vida. A morte de Jesus faz parte do cumprimento do propósito eterno de Deus, parte de um movimento contínuo concebido para assegurar e abraçar a raça humana e elevar-nos à vida trinitária de Deus. Pois o Pai não aceitará que seja de outra maneira. Nada mais pode satisfazê-lo.

A Queda de Adão e o Dilema Divino

Para compreender a morte de Jesus Cristo, devemos começar na eternidade com o Pai, o Filho e o Espírito, e com a decisão de dar à humanidade um lugar na sua vida e glória partilhadas. Esta decisão estabelece a base fundamental para a encarnação, vida, morte, ressurreição e ascensão do Filho de Deus. Ele se tornou humano para criar um relacionamento vivo e eterno entre seu Pai e a raça humana, para ser o mediador, aquele em quem a vida do Deus Triúno se cruza e flui para a existência humana, e aquele em quem a vida humana é elevada até o círculo da Trindade. Por toda a eternidade, Jesus Cristo estará sentado à direita do Pai e compartilhará conosco tudo o que Ele é, tem e experimenta com seu Pai na comunhão do Espírito. Este tem sido o plano desde o início. Sem este plano não teria havido criação, nem encarnação, nem morte do Filho encarnado, e nem ressurreição e ascensão. O fogo no ventre de Deus gera a encarnação e se apresenta como contexto base para a morte de Cristo. Mas dentro deste quadro mais amplo do propósito eterno de Deus e do seu cumprimento em Jesus, há uma segunda realidade que se apresenta no significado da morte de Cristo: a única maneira de passar da catástrofe de Adão e Eva para a mão direita de Deus, o Pai, todo-poderoso, é através da morte. Pois a Queda de Adão foi um desastre tão grande que, para resgatar a raça humana e cumprir o propósito eterno de Deus para nós, foi necessário nada menos que a nossa recriação através da morte e da ressurreição.

De acordo com o *Breve Catecismo* da tradição de Westminster, que aprendi quando jovem, "Pecado é qualquer falta de conformidade à, ou transgressão da lei de Deus". Esta definição de pecado é uma compreensão tipicamente legal do pecado como violação da lei de Deus. Mas o pecado é muito mais profundo do que o quebrar a lei, seja por deixar de fazer o que deveríamos fazer, ou por fazer o que não deveríamos fazer. O catecismo, assim como toda a orientação jurídica da teologia ocidental, confunde a raiz com o fruto. O problema introduzido pela Queda de Adão não foi simplesmente o fato de a humanidade ter começado a quebrar regras. O problema foi que a humanidade ficou doente. A doença é a raiz do problema.

Quebrar a lei é o sintoma.

Nos meus tempos de faculdade, na Universidade do Mississippi, encontrei um exemplar do grande livro de Atanásio, *Sobre a Encarnação do Verbo de Deus*. Até hoje não sei como isso aconteceu. Eu não era conhecido por frequentar a biblioteca, muito menos por ir procurar um livro de teologia. Mas o encontrei e li com grande prazer. Atanásio me ensinou duas coisas naquele dia que ficaram comigo desde então. A primeira é o que venho dizendo a respeito do amor do Pai pela Sua criação. Para Atanásio, era impensável que Deus fosse indiferente à Sua criação, e muito menos que nos virasse as costas. O que, então, pergunta Atanásio, Deus estava sendo bom em fazer, quando *Sua* criação, quando a criação que Ele *amava* e havia destinado a bênçãos tão impressionantes, estava a caminho da ruína e caindo na inexistência?[3] Para Atanásio, a paixão do Pai na criação torna-se o fogo que envia o Filho para salvar. O pecado de Adão foi enfrentado pelo mesmo Deus e pela mesma determinação divina de abençoar que deu origem à criação em primeiro lugar.

A segunda coisa que aprendi no livro de Atanásio foi que o pecado é um problema orgânico. O pecado é uma doença, um câncer espiritual que destrói a nossa humanidade e a nossa existência. A resposta de Deus não é um sistema de registros no céu. A resposta de Deus para o problema envolve transformar, ou converter nossa humanidade caída em verdadeiro relacionamento com Ele. Seu perdão não teria sentido se não fosse feito na existência de carne e osso e trabalhado em uma reconciliação real e verdadeira, de modo que o relacionamento e a comunhão fossem, de fato, restaurados.

Poucos meses depois de ler o livro de Atanásio, pediram-me para liderar um estudo bíblico para um grupo de estudantes. Queria falar sobre Jesus, sobre quem Ele é e o que Ele fez. Lembro-me de pensar em uma maneira de como comunicar o problema do pecado. Eu estava andando pelo meu apartamento pensando, quando notei várias laranjas em uma tigela sobre o balcão. Não tenho certeza

---

3 See St. *Athanasius on the Incarnation: The Treatise De Incarnation Verb Dei,* translated and edited by a Religious of C. S. M. V. (London: A. R. Mow bray & Co.) § 6.

quanto tempo fazia que aquelas laranjas estavam ali, mas devia ter se passado meses, pois estavam podres até a medula. Elas estavam implodindo, doentes por dentro. Ainda havia cor laranja suficiente nelas para dizer que eram laranjas, mas estavam mais verdes, pretas e viscosas, do que qualquer outra coisa.

Levei uma daquelas laranjas para o estudo bíblico e as mostrei como uma ilustração do problema do pecado. O que Deus tem em Suas mãos na Queda de Adão não é um problema legal, mas orgânico. O pecado tem a ver com corrupção, com doença, com uma alienação profunda e generalizada do nosso próprio ser. Certamente, todo tipo de maldade e injustiça provêm do pecado, mas estes são sintomas de uma doença cada vez mais profunda. Se o propósito de Deus de nos elevar à união com Ele, de nos dar um lugar no círculo da vida trinitária, for cumprido, a doença tem de ser curada, o câncer tem de ser erradicado da nossa humanidade. Este é o dilema que o amor do Pai, do Filho e do Espírito enfrentou na Queda de Adão. Tem que haver uma conversão radical da existência humana decaída. E tudo tem que acontecer de tal forma que Deus não nos perca no processo.

A analogia da laranja doente é boa, até certo ponto, mas é limitada. Ajuda-nos a ver algo sobre a natureza do problema e a sua profundidade e abrangência, mas é demasiado vago, demasiado impreciso. O que exatamente significa dizer que o pecado é uma doença? O que significa falar da alienação do nosso próprio ser? É aqui que temos que mudar para categorias mais pessoais. Precisamos abrir uma janela psicológica, por assim dizer, e perscrutar a alma de Adão, pois a doença do pecado envolve o batismo da alma de Adão nas forças espirituais da ansiedade.

Estar vivo, respirar, existir é uma coisa; outra bem diferente é estar cheio de vida transbordante e abundante. Adão e Eva estavam vivos e cheios, e tanto a sua existência como a sua vida abundante vinham de Deus. O que quero dizer aqui com "vida abundante" é a plenitude da "existência" humana que acontece quando somos livres para amar e ser amados, livres para conhecer e ser conhecidos, livres para doar de nós mesmos e receber, e quando realmente passamos a partir dessa liberdade para ação e companheirismo. Na comunhão, algo acontece conosco, algo é vivificado em nós, algo mais do que podemos ser em nós mesmos. A vida abundante é a plenitude que se dispara na mistura de conhecer e ser conhecido, de intimidade, de amar e ser amado, de companheirismo.

A liberdade que Adão e Eva tinham de amar e ser amados, de conhecer e ser conhecidos, de dar e partilhar, de rir e brincar, não era uma liberdade que eles possuíam em si mesmos. Não eram características "de fábrica", como diz meu amigo Cary Stockett. A liberdade de sair de si mesmo e abraçar o outro, dar de si mesmo, expor-se e ser conhecido, a liberdade de brincar, era um fruto que vinha de além de si. A liberdade pertence ao Pai, ao Filho e ao Espírito, e Adão e Eva participavam da liberdade de Deus para amar. Mas como isso aconteceu? Como eles participavam da liberdade de Deus? Como é que a liberdade de Deus em relação ao egocentrismo e a liberdade para a doação de si e, portanto, a liberdade para a comunhão, passaram de Deus para Adão e Eva? A resposta, tomando emprestada uma afirmação de Jesus em João 8,31-32, é que Adão e Eva *conheciam* a verdade, e *conhecendo* a verdade, experimentavam a liberdade de Deus. Além disso, ao viverem essa liberdade, essa liberdade do egocentrismo para a doação de si mesmo, eles experimentavam a comunhão, e a comunhão preenchia a sua "existência" com "vida abundante".

Adão e Eva pertenciam a Deus. Eles eram a criação preciosa de Deus, o alvo de Seu deleite pessoal, de Seu amor, e bênção deslumbrante. Saber quem eles eram, que pertenciam a Deus, e que Ele se deleitava neles não os enchia de ansiedade ou pavor; pelo contrário, tal conhecimento os banhava de paz e segurança profunda e duradoura. O conhecimento do deleite do Pai, *Seu prazer*, os preenchia com a força mais poderosa da terra — segurança. Suas almas estavam batizadas na segurança, e tal segurança, por sua vez, gerava a liberdade de sair de si mesmos e abraçar o outro, de dar e receber, de se expor e ser conhecido. O batismo na segurança dava à luz a comunhão, e a comunhão transformava a sua "existência" em "vida abundante".

Agora vamos virar essa imagem de cabeça para baixo. Pense em uma menina de cinco anos que acredita que existe um monstro no armário. O que acontece com o interior da menina quando ela acredita que o monstro é real? Para ela, "acreditar" no monstro é como ter uma lâmina cortando sua alma. É ser batizada não com segurança, mas com ansiedade. E qual é o fruto deste batismo de ansiedade? É a destruição da sua liberdade — da liberdade de brincar, de rir, de viver em comunhão, de sair do seu quarto e envolver-se com o mundo. Um batismo de ansiedade muito parecido com esse aconteceu com Adão e Eva.

A verdadeira Queda ocorreu antes de eles comerem o fruto. Eles caíram quando pararam de acreditar na verdade e passaram a acreditar na mentira da serpente. Naquele momento, a lâmina cortou suas almas, a certeza foi dilacerada e a ansiedade infiltrou-se na cena da história humana. Comer o fruto em si foi a primeira reação, a primeira resposta à grande ansiedade que invadiu seus corações quando acreditaram na mentira. A serpente os convenceu de que Deus estava lhes privando de algo, de que Ele não lhes estava oferecendo tudo o que deveriam ter, de que eles ainda não eram tudo o que poderiam ser. Ela os convenceu de que lhes *faltava algo*, de que eram incompletos. O que aconteceu com a segurança de Adão e Eva quando acreditaram na mentira? O que aconteceu com sua segurança e sua paz quando acreditaram que Deus os estava privando de algo, de que ainda não eram tudo o que poderiam ser, e ainda não possuíam a verdadeira glória? Sua certeza, segurança e paz foram destruídas, e suas almas foram batizadas com o veneno letal da ansiedade, insegurança e culpa. Subitamente, Adão e Eva *conheciam* o bem e o mal. Além disso, o batismo de ansiedade instantaneamente alterou as cores através das quais Adão e Eva percebiam o mundo ao seu redor e um ao outro. Esse batismo produziu ocultação, autoproteção e egocentrismo, que atuaram junto com a percepção distorcida para obliterar a sua liberdade de comunhão.

O conhecimento da verdade mergulhava as almas de Adão e Eva em segurança, e essa segurança gerava liberdade — liberdade para sair de si mesmos, para conhecer e ser conhecidos. Dessa liberdade nascia a comunhão, e a comunhão preenchia sua existência com a grande dança da vida. Mas quando acreditaram na mentira, quando *conheceram* a mentira, esse conhecimento fez o medo percorrer suas veias como um raio, paralisando-os. O medo rompeu sua liberdade de conhecer e ser conhecidos, o que rompeu a comunhão, o que rompeu a grande dança e sua alegria. No vazio que se formou, surgiram o isolamento, a solidão e a alienação, seguidos pela culpa, a tristeza e uma angústia dilacerante. Esse emaranhado de desolação e frustração logo deu lugar à raiva, à amargura e à depressão, à inveja, ao ciúme, à discórdia, à fofoca, à calúnia e até ao assassinato. A ansiedade tornou-se o alicerce da existência humana, o veneno que permeia toda a experiência da vida e de toda a criação.

Não é preciso dizer que Adão e Eva tornaram-se pessoas diferentes. Ainda respiravam, mas já não experimentavam mais nada parecido com a vida abundante. A mentira do maligno era um devaneio de sua própria imaginação, uma ilusão, uma lenda, um mito, porém uma ilusão que Adão e Eva acreditavam ser a verdade. A crença nesta mentira devastou a sua vida interior e sua existência foi alterada de forma que tornou-se irreconhecível. Como podemos começar a descrever o problema do pecado? Que palavras temos para descrever este estado da existência humana?

Mas ainda mais do que isso, a mentira, a sua fé na mentira e a alienação resultante começaram a penetrar em seus próprios seres. Como diz Atanásio, Adão e Eva começaram a regredir para o "não-ser". A consequência da mentira e da sua fé na mentira não foi apenas a perda de "vida abundante" como também a perda de sua própria existência. Adão e Eva estavam à beira da extinção. Eles perderam a liberdade de participar na vida trinitária, e essa perda começou a desconectá-los completamente de Deus, de modo que passaram da miséria para a aniquilação absoluta.

Mas isso não é tudo. O pior ainda está por vir. O problema

mais profundo do pecado para Adão e Eva era que agora a própria presença de Deus os enchia de pavor. A Bíblia diz que Adão e Eva "se esconderam da presença do Senhor" (Gênesis 3:8). Por que? Por que eles se esconderam? Por que eles estavam com medo da presença do Senhor? Eles tinham medo da punição? Acho que era o amor de Deus que eles temiam. Eles temiam a alegria e a plenitude, a liberdade e a bondade de Deus.

Observe esta declaração de C. S. Lewis, ao descrever um encontro com um homem celestial em seu livro *O Grande Abismo*: "Estava perante um deus entronizado e brilhante, cujo espírito eterno pesava sobre o meu como um fardo de ouro maciço."[4] O que chocou Lewis e pesou tanto sobre ele não foi o medo do castigo, mas a profundidade da realidade do deus brilhante — e da maneira como essa profundidade expunha sua própria irrealidade lamentável. Era uma exposição semelhante a esta que Adão e Eva temiam. Pois a presença do Senhor significava a presença do amor, da alegria e da plenitude de Deus que imediata e irrefutavelmente expunha a sua própria falência, a sua perversão, o seu nada e a sua miséria. E a dor, o fardo de tal exposição era insuportável. Então eles se esconderam da presença do Senhor. E temos nos escondido desde então.

Ainda não chegamos ao problema central da Queda de Adão. A dor insuportável de tal exposição é uma coisa; outra bem diferente é quando essa dor altera a maneira como vemos Deus. A dor de Adão inevitavelmente alterou a sua compreensão e a forma como ele via a si mesmo, seu mundo e outros ao seu redor, mas mais importante ainda, alterou a forma como ele via Deus. Adão projetou sua própria fragilidade na imagem de Deus. Ele manchou o rosto de Deus com o pincel de sua própria angústia, o que o aterrorizou ainda mais e o condenou a uma interpretação cada vez mais distorcida do coração de Deus. Deus não havia mudado. Ele continuou sendo o mesmo de sempre, fiel, determinado a abençoar, justo e verdadeiro, transbordando em amor e comunhão como Pai, Filho

---

4 C. S. Lewis, *The Great Divorce* [O Grande Abismo] (New York: Collier Books, Macmillan Publishing Co., 1946) p. 64.

e Espírito. Mas Adão havia mudado, e agora projetava sua dor e a sua ansiedade em Deus, criando assim uma divindade mitológica, um deus lendário. E diante desse deus mitológico, dessa projeção, Adão só conseguia sentir o mais terrível medo. Pois ele acreditava estar diante de um deus que está a um fio de distância da ira, do julgamento e da rejeição total.

A Queda de Adão constitui um enorme problema de comunicação para Deus. Pois agora há um grande abismo entre quem Deus realmente é e quem Adão *acredita* que Ele seja. A partir desse momento, a verdade sobre Deus será encoberta por um véu, Seu rosto será continuamente deformado pela cegueira espiritual, e Seu coração será mal interpretado. Cada palavra, ato e intenção de Deus serão traduzidos pela teimosia da ansiedade e projeção humana. A própria presença de Deus em amor, graça e comunhão será traduzida através da mente caída como a presença daquele cujo amor é arbitrário e depende de condições, cuja bênção vem com amarras, se é que vem, e cujo caráter é essencialmente o de um juiz.

A raça humana está agora perdida na mais terrível escuridão, a escuridão da sua própria mente. Está presa em um ciclo de ansiedade, projeção e percepção equivocada. A mente decaída não projeta apenas a sua ansiedade no mundo e nas pessoas ao seu redor; o maior desastre é que ela projeta sua aflição na face de Deus. Além disso, interpreta cada movimento de Deus através dessa projeção. Como é que Deus conseguirá atravessar este abismo e comunicar a verdade sobre quem Ele é? O que Deus diz é uma coisa, o que *ouvimos* é outra bem diferente. Pois o que ouvimos é inevitavelmente moldado pela nossa própria ansiedade e pela nossa mitologia, pelo deus lendário da nossa imaginação ansiosa. A revelação de Deus para nós, independentemente de quão poderosa e clara possa ser da parte de Deus, é sempre percebida através de nossos "óculos mentais", que são agora completamente alienados a Deus, de fato, enxergando o oposto da verdade divina. Como é que Deus vai penetrar o véu da mente caída? Como é que a raça humana poderá conhecer o verdadeiro Deus e participar da comunhão do Pai, do Filho e do

Espírito? E mesmo que Deus chegue à mente caída, permanece o problema da agonia insuportável que a presença do Senhor provoca ao expor a nossa falência. Este é o dilema que o amor infinito de Deus enfrenta na Queda de Adão.

Israel como o Útero da Incarnação

A resposta do Pai, do Filho e do Espírito ao mergulho de Adão na ruína total pode ser resumida numa palavra: "Não!" Nesse "Não" ecoa para nós o eterno "Sim" da Trindade. A criação flui do círculo da partilha divina e da decisão, da determinada decisão, de compartilhar a vida Trina com os seres humanos. O desejo de Deus pela nossa bênção, esse determinado "Sim" a nosso favor, traduz-se em um intolerável "Não!" diante da Queda. Deus é *por nós* e, portanto, se opõe – total, eterna e apaixonadamente – à nossa destruição. Essa oposição, esse "Não!" ardente, apaixonado e determinado ao desastre da Queda, é a compreensão adequada da ira de Deus. A ira não é o oposto do amor. A ira é o amor de Deus em ação, em ação opositora. É precisamente porque o Deus Triúno falou um eterno "Sim!" para a raça humana, um "Sim!" à vida, à plenitude e à alegria para nós, que a Queda e seu desastre foram recebidos com um forte e intolerável "Não! Isto não é aceitável. Eu não criei *você* para a miséria." E assim, o plano de reconciliação começa a se desenrolar.

Deus chama Abraão, e através de Abraão estabelece uma nação, e com essa nação Ele inicia um processo longo e doloroso de relacionamento. Primeiro, Ele dá a lei através de Moisés, para conter o avanço do caos da Queda e para ajudar os israelitas a começarem a compreender que existe um problema sério. A lei, no entanto, nunca foi o ponto. A questão era o relacionamento entre Deus e Israel – o Deus vivo aproximando-se da existência adâmica decaída através do povo de Israel. O chamado de Israel não consistia em Deus dispensar informações precisas sobre Si mesmo para que os israelitas pudessem ter uma boa teologia; o chamado de Israel era sobre o próprio Deus reentrando em contato, em comunhão viva e relacionamento pessoal com o Adão caído.

Uma das grandes contribuições de T. F. Torrance para o pensamento cristão é a maneira como ele compreende a angústia existencial de Israel.[5] Enquanto Adão e Eva se esconderam de Deus nos arbustos, Israel foi chamado a uma comunhão com o próprio Deus. Israel teve de suportar o insuportável — um relacionamento real, não com a lei, mas com Deus. De um lado estavam o Pai, o Filho e o Espírito e a sua comunhão e intimidade, a sua vida ilimitada, a sua alegria e plenitude. Do outro lado estava Israel, caído, corrupto e afastado, alienado, quebrado e medroso – e projetando todos os seus medos na face de Deus. Como seria possível um relacionamento real entre Deus e Israel?

Repetidas vezes, Israel tentou fugir. A bondade, o amor, a alegria e a glória de Deus eram demais para suportar. Assim como Adão e Eva, os israelitas tentaram se esconder da presença do Senhor. Eles tentaram criar uma religião para manter Deus a uma distância segura. Tentaram ser como as nações ao seu redor, porém Deus não os permitiu. O que é notável na história de Israel é que aqui temos o povo do mundo caído de Adão, um povo alienado e assustado, jogado para dentro de um quarto com o próprio Deus. Pense novamente na declaração de Lewis: "Estava perante um deus entronizado e brilhante, cujo espírito eterno pesava sobre o meu como um fardo de ouro maciço". Israel não estava em um relacionamento com verdades abstratas sobre Deus, mas *com o próprio Deus*. Longe de apenas tocar a superfície do intelecto de Israel, a relevação de Deus significava uma invasão divina na existência de Israel. Significava a própria presença do Deus vivo, que pesava sobre Israel como o maior de todos os fardos.

A angustiante e dolorosa experiência do relacionamento de Deus

5 *A Mediação de Cristo* (Grand Rapids: Eerdmann, 1983), *Deus e Racionalidade*, (London: Oxford University Press, 1971), Capítulo 6: "A Palavra de Deus e a Resposta do Homem," "Salvação dos Judeus" [EQ vol. 22 (1950) pp. 164-13] e "Israel e a Encarnação" [Judica vol. 13 (1957) pp. 1-18].

com o Israel caído produziu duas grandes realidades. Primeiro, estabeleceu um ponto de entrada na mente afastada da humanidade caída. No gênio criativo do Espírito, a revelação de Deus começou a penetrar nas projeções, na teimosia e no paganismo de Israel, agindo assim como um fogo refinador, queimando o pensamento e o ser de um Israel enfermo. A Palavra viva lutou com a mente caída de Israel e começou a vestir-se de pensamentos e ideias humanas. O fruto de tal luta e conflito foi a origem de novos conceitos e ideias como aliança, fidelidade, pecado, expiação, misericórdia, comunidade, bem como profeta, sacerdote e rei, o que em conjunto se tornaria "a mobília essencial do nosso conhecimento de Deus,"[6] como diz Torrance. Esses conceitos e ideias, originados no fogo da revelação na mente caída de Israel, se tornariam os novos instrumentos mentais, ou o par de óculos, através dos quais o mundo poderia começar a ver a verdade sobre Deus e entrar em comunhão viva e significativa com o Pai.

Segundo, a presença real de Deus no meio do Israel caído criou uma agitação que viria a ser a matriz da própria encarnação. Em Israel, a Palavra de Deus já estava "a caminho de se tornar carne",[7] como diz Torrance. Pois revelação significa nada menos que o desvelar do próprio Deus — não apenas verdades sobre Ele — e, por isso, revelação é um encontro vivo que exige realização por meio de resposta, conhecimento, comunhão e encarnação. A Palavra viva de Deus encontra a sua verdadeira realização não apenas revestindo-se em palavras e pensamentos humanos, mas traduzindo-se em existência de carne e sangue. Pela sua própria natureza, a revelação de Deus não permitiria que Israel varresse a sua deterioração para debaixo do tapete. Não permitiria ocultação, ou negação, nem religião. A presença real de Deus despertou assim todo tipo de conflito com Israel, pois inevitavelmente trouxe à tona a Queda de Adão na existência de Israel — e criou a luta das lutas.

Este conflito entre Deus e Israel é nada menos do que a pré-

---

6 Thomas F. Torrance, A Meditação *de Cristo (Grand Rapids: Eerdmans, 1983) p. 20.*

7 *Conflito e Acordo na Igreja* (London: Lutterworth Press, 1959) vol. 1, p. 266.

história da expiação e da reconciliação, os primeiros lampejos da união impossível entre Deus e a humanidade caída. Pois foi Israel — *o Israel caído* – em toda a sua alienação, que foi convocado à presença do Senhor e chamado a dar passos reais em direção à comunhão com o Deus vivo e verdadeiro. A contradição e a comunhão criadas pela revelação de Deus a Israel em sua escuridão e alienação constituem a primeira forma de morte e ressurreição; o primeiro indício do fim e recomeço da existência adâmica caída, da nova aliança, do Pentecostes e da vinda do Reino de Deus. Porém mais do que isso, o conflito criado pela revelação de Deus ao Israel caído estabelece o ventre da própria Encarnação[8], a situação de vida, a tensão insuportável e agonizante na qual o próprio Filho de Deus haveria de nascer.

A Conversão da Existência Adâmica em Jesus Cristo

Pensar na ascensão de Jesus Cristo ao céu, pensar nele sentado agora e para sempre à direita de Deus Pai todo-poderoso, como diz o Credo, e pensar na ascensão no contexto da Queda de Adão e no contexto do conflito de Israel com Deus, é estar diante do milagre da obra de Jesus Cristo. A ascensão significa que agora e para sempre um ser humano, um judeu, um filho de Adão, está face a face com o Pai. Agora e para sempre, alguém do mundo estrangeiro de Adão vive em comunhão, na verdade, em total união, com Deus, o Pai, compartilhando todas as coisas com o Pai na irrestrita comunhão do Espírito.

Sentar-se à direita de Deus Pai todo-poderoso é exatamente o oposto de esconder-se nos arbustos do Jardim do Éden. É exatamente o oposto de Israel fugir de Deus. É o oposto da religião. A ascensão prega a nós que aqui em Jesus Cristo, o Filho de Deus encarnado, a Queda de Adão e Eva foi desfeita, a existência

---

8 A frase é adaptada de T. F. Torrance. *Deus e Racionalidade*, (London: Oxford University Press, 1971) p. 149; *Realidade e Teologia Evangélica* (Philadelphia: Westminster Press, 1982) p. 87 e *Teologia em Reconstrução*, Capítulo 8: "O Lugar da Cristologia na Teologia Bíblica e Dogmática" (Grand Rapids: Wm B. Eerdmands Pub. Co., 1985) p. 145.

Adâmica foi completamente convertida a Deus, fundamentalmente reordenada num relacionamento correto com Deus. Além disso, a ascensão de Cristo prega que Deus e Israel foram reconciliados e que o maligno, com a sua mentira escravizadora, foi decisivamente derrotado. A comunhão, e não a contradição ou o conflito, agora preenche a aliança. A verdade, e não a ilusão do maligno, domina agora a relação entre Deus e a existência humana em Jesus Cristo.

A igreja cristã sempre confessou que Jesus Cristo é Deus encarnado, plenamente divino e plenamente humano, Deus de Deus e homem de homem. É pensando nessas duas verdades juntas que chegamos ao cerne da obra de Jesus Cristo. A soma e a substância da obra de Cristo é que o eterno Filho de Deus tornou-se humano e viveu a sua filiação divina dentro da nossa existência adâmica caída e, ao fazê-lo, não apenas converteu a existência adâmica caída, mas também deu início a um relacionamento real e permanente, uma união entre Deus Pai e a humanidade caída.

Por um lado, está a verdade de que Jesus Cristo é o Filho eterno de Deus, o amado do Pai, que desde toda a eternidade amou o Pai com todo o seu coração, alma, mente e força, e compartilhou todas as coisas com Ele em comunhão ilimitada do Espírito. A encarnação não se trata de algum ser divino genérico tornando-se humano. A Igreja Cristã não confessa nada sobre uma divindade abstrata, um divino "cavaleiro solitário" que vive isolado. A confissão da Igreja Cristã é que Deus é Pai, Filho e Espírito. Não foi um deus, mas o *Filho* de Deus, que se tornou humano. A encarnação, portanto, é o ato do Deus Triúno e significa nada menos que a manifestação da eterna comunhão trinitária. Quando o Filho de Deus atravessou o abismo e entrou na existência humana, Ele não deixou o Pai ou o Espírito para trás. A encarnação significa que a própria vida da Trindade — a comunhão, o companheirismo e a união completa, a plenitude, a alegria e a glória do Pai, Filho e Espírito, e nada menos que isso — se estabeleceu dentro da existência humana.

Por outro lado, existe a surpreendente verdade de que o Filho de Deus se fez *carne*, como nos diz João (João 1:14). Uma coisa é dizer que o Filho de Deus se tornou um ser humano; outra bem diferente é dizer que Ele se tornou *carne*. "Carne" coloca a encarnação não apenas dentro da existência humana, mas dentro do âmbito da existência Adâmica caída. Não poderia ter sido de outra forma. A missão de Jesus era trazer a raça humana *caída* para a destra de Deus Pai todo-poderoso. Sua missão era *nos* reconciliar com Deus, curar a brecha, desfazer a queda e nos levar à glória. A verdade incrível da encarnação é que o Filho de Deus entrou direto na torrente da Queda. Ele entrou no vale do estranhamento humano e da alienação humana para com Deus. Não entendemos a encarnação até vermos que o Filho de Deus entrou na pele do Adão caído e tomou sobre si a mente afastada e alienada de Adão.

Ambas as verdades devem ser mantidas juntas ou tudo estará perdido. Se Jesus Cristo não fosse o Filho amado do Pai que vive em comunhão com o Pai no Espírito, então Ele não teria nada para dar à humanidade caída. Na verdade, se essa comunhão fosse quebrada, então Jesus se tornaria apenas mais um homem afastado de Deus. Por outro lado, se o Filho de Deus não conseguisse penetrar na alienação de Adão, na nossa aflição, perversão e distanciamento, então ele poderia receber todas as bênçãos de Deus, mas elas não *nos* alcançariam. A existência adâmica permaneceria intocada, não curada, não salva. A relação de aliança entre Deus e Israel continuaria a ser de conflito e contradição, e a raça humana permaneceria na ilusão do maligno — perdida para Deus.

A existência do universo e da raça humana não é um acidente. O Deus Triúno criou o mundo como o primeiro ato de um plano vasto e quase inconcebivelmente gracioso para elevar a raça humana ao círculo da própria vida Trinitária. A criação serve o propósito maior da adoção. Para este fim, a encarnação do Filho foi predestinada, pois nunca poderia haver uma união entre a Trindade e a humanidade sem a mais profunda abnegação da parte de Deus — uma abnegação que estabeleceria união verdadeira entre a vida de Deus e a existência humana. Assim, Paulo diz que fomos predestinados para adoção antes da fundação do mundo e que nossa adoção foi predestinada para ser realizada "por meio de Jesus Cristo" (Efésios 1:5). A adoção é o propósito eterno. A criação é o início, o primeiro passo em direção a esse propósito, preparando o caminho para a encarnação do Filho e a realização da nossa adoção nele. A Queda de Adão significa que a encarnação será um evento agonizante, envolvendo riscos incalculáveis. Se o Filho de Deus entra no mundo de Adão e assume a sua mente caída, há uma chance real de que Ele aceite o deus criado pela mente de Adão, e comece a viver a partir dessa mentalidade, violando assim seu relacionamento eterno com o Pai no Espírito. O que está em jogo na encarnação é o próprio ser de Deus e, portanto, a existência do universo e a salvação da raça humana. Com uma graça surpreendente, o Deus Triúno arrisca seu próprio ser em nosso favor.

A encarnação significa que embora Ele seja o Filho eterno e amado, e embora seja batizado com o Espírito e receba o seu testemunho, Jesus vê o que Adão vê. Ao entrar no mundo de Adão, o Filho de Deus entra na mente caída de Adão. Ele coloca os óculos de Adão, aqueles que mancham o rosto de Deus e enchem os olhos do Pai de indiferença, ou de nojo, julgamento e rejeição. Seja o que for que Adão projetou em Deus, e seja o que for que ele sentiu quando o fez, Jesus viu e sentiu, e Ele viu e sentiu com a mesma intensidade e realidade que Adão.

O paradoxo no cerne do Cristianismo é que o Filho de Deus entrou na existência adâmica caída sem deixar de ser o Filho de Deus. Ele se tornou Adão sem deixar de ser o Filho fiel do Pai. A vida da Trindade cruzou a aflição da existência humana decaída. Como isso foi possível? Como poderia a comunhão da Trindade penetrar no esconderijo de Adão? Como poderia a união e integridade do Pai, do Filho e do Espírito entrar no declínio e na perversão da existência adâmica caída? Como poderia aquele que conhece o Pai e O ama de todo o coração entrar na teimosia, na cegueira e nas projeções de Adão e de Israel? Como seria possível essa contradição?

A resposta é que não é possível – algo tem de ceder, algo tem de mudar. Ou a comunhão do Pai, do Filho e do Espírito chega a uma paralisação eterna, ou a existência Adâmica é fundamentalmente reordenada. Ou o amor do Deus Triúno é quebrado, ou a carne Adâmica é convertida a Deus. Tem que haver uma conversão, uma reestruturação fundamental no ser e no caráter de Deus, ou no ser e no caráter de Adão.

A entrada da comunhão do Pai, do Filho e do Espírito na nossa alienação e distanciamento não significou a ruína da Trindade – significou guerra. Como Lucas nos conta, Jesus Cristo abriu caminho com golpes. O Filho de Deus entrou em nossa existência humana quebrada, caída e alienada. Ele tomou sobre si a nossa carne caída. Ele se colocou no lugar de Adão, no lugar de Israel, no nosso lugar, e recusou-se firmemente a ser como Adão. Ele se recusou a ser como Israel. Ele entrou na existência humana decaída e firmemente se recusou a "cair" nela. Passo a passo, golpe a golpe, momento a momento, Ele se recusou a acreditar no deus de Adão e amou seu Pai com todo o seu coração, alma, mente e força. Passo a passo, golpe a golpe, momento a momento, Ele martelou sua filiação na bigorna da existência Adâmica decaída. Passo a passo, golpe a golpe, momento a momento, Ele desfez a total insensatez da mente Adâmica.

Foram 33 anos de fogo e provação, de tentação, com choro e lágrimas. O que vemos no Getsêmani, a angústia de tudo isso, a dor e o peso esmagador, a luta, a paixão, a agonia, é uma janela para toda a vida de Jesus Cristo. Relegar o sofrimento de Jesus Cristo, a agonia que Ele suportou, aos momentos da cruz é perder totalmente o foco. Toda a sua vida foi uma provação angustiante de luta, de sofrimento, de provações, tribulações e dor. Pois Ele viveu sua filiação dentro de nada menos que a existência Adâmica caída. Toda a sua vida foi uma cruz perpétua — e ressurreição.

A morte de Jesus Cristo não foi um castigo das mãos de um Deus irado; foi a identificação final do Filho com o Adão caído e a expressão suprema de fidelidade à sua própria identidade como Aquele que vive em comunhão com o Pai no Espírito. Pois Ele realmente entrou em nosso quebrantamento, distanciamento e alienação. Ele suportou a contradição intolerável em seu próprio ser e a resolveu através do fogo e da provação, morrendo para sua carne adâmica, crucificando-a no Calvário. Pois de nenhuma outra forma Ele poderia viver a comunhão com o seu Pai — como o Filho *encarnado*, apesar da Queda — exceto através da circuncisão radical de sua carne Adâmica e, de fato, da completa destruição da mente Adâmica.

O "Não!" gritado por Deus diante da Queda, traduzido na encarnação e na recusa pessoal de Jesus Cristo em viver em trevas: "Não caminharei nas trevas, não acreditarei no deus mitológico de Adão, não abandonarei meu Pai, não darei minhas costas para o Espírito." E mais importante, o "Não!" de Deus diante da Queda traduziu-se no "Sim!" do Filho encarnado: "Amarei meu Pai com todo meu coração, alma, mente e força. Viverei no Espírito Santo. Serei fiel a mim mesmo como amado do Pai." A etiqueta de preço daquele "Sim!" Foram 33 anos de sofrimento, nos quais e através dos quais o Filho encarnado estava constantemente virando a existência Adâmica do avesso, diminuindo continuamente o distanciamento da Queda, reordenando continuamente o relacionamento humano com Deus. Ali, na cruz, tudo teve um fim triunfal. Lá, Ele deu o passo decisivo na conversão da carne Adâmica. Lá, Ele gritou seu final e decisivo "Não!" a Adão e ao deus lendário de Adão, e seu final e decisivo "Sim!" para seu Pai. Ele morreu — e a existência Adâmica caída morreu com Ele.

Na cruz, Jesus penetrou até a raiz do afastamento de Adão. Ali, Ele desceu ao abismo inimaginável da alienação de Adão, onde suas entranhas se retorciam de medo, onde a lâmina havia rasgado sua alma, onde ele havia manchado o rosto de Deus com o pincel horrendo e permanecido aterrorizado diante dessa visão, onde Adão só conseguia sentir-se abandonado e rejeitado, desprezado e completamente desamparado por Deus. Na cruz, Jesus experimentou ao máximo o terrível inferno da mitologia adâmica, clamando em agonia: "Meu Deus, meu Deus, por que me desamparaste?" Mas foi precisamente ali, no abismo inimaginável daquela dor indizível, que

Jesus Cristo se recusou a acreditar na mentira, e conheceu e amou o seu Pai. A palavra final não foi: "Meu Deus, meu Deus, por que me desamparaste?" Mas: "Pai, em Tuas mãos entrego o meu Espírito". Mesmo ali, *especialmente* ali, nas garras da projeção de Adão, no ventre da alienação humana, a comunhão do Pai, do Filho e do Espírito venceu.

O que emergiu do outro lado da cruz é um homem – o Filho divino encarnado, mas o Filho *como homem* – um ser humano do mundo perdido na mitologia de Adão, que conhece e ama o Pai; um homem saído do ventre da alienação que ascendeu em comunhão face a face com Deus Pai todo-poderoso; um homem da semente de Adão em quem nenhum vestígio da Queda pode ser encontrado; um homem que vive para sempre em verdadeira comunhão com o Pai no batismo do Espírito.

A morte de Jesus Cristo não foi o fim do relacionamento divino do Pai, do Filho e do Espírito, mas o seu triunfo absoluto. Pois morrer na cruz foi a recusa final e decisiva do Filho em ser Adão e em viver no mundo de Adão. Assim, a morte de Cristo foi a circuncisão radical da carne adâmica, o fim do afastamento humano de Deus, o ato final de uma reordenação fundamental da mente caída na união e comunhão com Deus. Em Jesus Cristo, Adão e a existência adâmica caída chegaram ao fim — e a um novo começo.

Jesus Cristo não é uma ferramenta divina que Deus pegou e usou por um tempo e depois colocou de volta na caixa de ferramentas celestial. E Ele certamente não é um mero contador que mantém um livro contábil no céu. Jesus Cristo é a reconciliação viva, a expiação. Ele é um homem, vindo do mundo perdido em trevas de Adão, agora e para sempre em paz com Deus Pai. Ele é homem Adâmico, agora e para sempre reconciliado com o Pai, vivendo em união e comunhão com o Pai, aceito e abraçado pelo Pai e sentado à sua direita na comunhão do Espírito.

Por que Jesus Cristo morreu? Ele morreu porque o Deus Triúno nos ama com um amor eterno e apaixonado, porque o Deus Triúno se recusa absolutamente a permitir que sejamos destruídos. Ele morreu porque a única maneira de passar da Queda de Adão para a mão direita de Deus Pai todo-poderoso foi através da recriação da existência Adâmica que exigiu a encarnação da vida Trina de Deus, 33 anos de luta e sofrimento, e a crucificação e ressurreição da carne Adâmica.

As *Boas* Novas

Mas mesmo aqui estamos tocando apenas a superfície do significado de Jesus Cristo. Será que o Novo Testamento nos deixa olhando para a ascensão de Jesus e nos perguntando como iremos segui-lo? Todo esse caminho foi trilhado através do fogo e da provação apenas para nos deixar um exemplo a seguir? Se pararmos aqui com a morte, ressurreição e ascensão de Cristo, podemos ter existência Adâmica convertida a Deus, podemos ter um do mundo caído de Adão sentado à direita do Pai e vivendo na comunhão do Espírito, mas nós ainda não temos evangelho, e o propósito eterno do Deus Triúno para nós ainda não foi cumprido. Por enquanto, ainda somos espectadores, ainda estamos do lado de fora.

A alegria mais profunda do Novo Testamento reside precisamente no fato de que em *um* homem, Jesus Cristo, Deus estava a lidar não apenas com Adão ou com uma existência adâmica geral, mas com toda a raça humana. O Novo Testamento não nos deixa contemplar Jesus Cristo à distância, mas faz-nos ver-nos crucificados com Cristo, ressuscitados com Ele, e sentados com Ele à direita do Pai. O apóstolo Paulo nos diz que chegou a uma conclusão que mudou tanto a sua própria vida quanto a maneira como ele via a história da humanidade e cada ser humano nela. Ele resume isto na declaração mais simples e impressionante em 2 Coríntios 5:14: "...um morreu por todos, portanto todos morreram..." Jesus Cristo somente foi quem morreu e ressuscitou, mas Paulo vê claramente que toda a raça humana está envolvida neste acontecimento em Jesus Cristo.

Paulo não explica como isto seria possível; ele está simplesmente emocionado e impressionado com isso. Ele vê que neste homem

Deus reuniu toda a raça humana. Há indícios desta reunião, desta conexão, no Antigo Testamento. Pense no ministério do Sumo Sacerdote no Santo dos Santos, onde ele representava todo o Israel, de modo que o que acontecia com ele naquele lugar santo acontecia com Israel. Pense na história de Davi e Golias, onde o futuro das duas respectivas nações estava ligado ao resultado da batalha entre esses dois homens. Se Golias vencesse, os israelitas seriam escravos dos filisteus. Se Davi vencesse, os filisteus seriam escravos dos israelitas. Pense na figura de Adão, cuja queda teve implicações tão importantes para toda a humanidade. A ligação entre o Sumo Sacerdote e Israel, Davi e Golias e as suas nações, Adão e a humanidade, prenuncia a ligação entre Jesus Cristo e a humanidade. Adão era um mero tipo, como Paulo diz, de Jesus (Romanos 5:14), o verdadeiro Cabeça e Senhor da raça humana.

Por detrás da conclusão de Paulo de que "um morreu por todos, portanto todos morreram", também da proclamação de João de que Jesus é o Cordeiro de Deus que tira o pecado do mundo, e da declaração do Novo Testamento de que Jesus Cristo é o Senhor, está a verdade fundamental de que existe uma conexão decisiva entre Jesus Cristo e a raça humana. Estávamos e estamos conectados a Ele e ao que aconteceu com Ele. Estávamos implicados no que aconteceu com Jesus, tanto que a *nossa* identidade, a *nossa* existência, o *nosso* passado, presente e futuro, a *nossa* relação com Deus e uns com os outros e com a criação foram fundamentalmente reordenados neste *único* homem. Não foi apenas existência Adâmica que foi crucificada em Jesus Cristo; foi Adão, você e eu, e toda a raça humana.

O Novo Testamento está centrado em Jesus Cristo, o Filho de Deus que se fez carne. Seu propósito é revelar o que ocorreu com Deus, o que aconteceu com o Filho de Deus. Assim, narra a história do Filho para nós. Ele, o eterno Filho de Deus, tornou-se humano, nascido da virgem Maria. Ele viveu. Ele morreu. Ele ressuscitou. Ele ascendeu e está assentado agora e para sempre à direita de Deus Pai todo-poderoso. A razão pela qual o Novo Testamento está tão centrado no que aconteceu ao Filho de Deus é porque nele, algo estava acontecendo conosco, a raça humana, através de sua vida, morte, ressurreição e ascensão.

A verdade fundamental que torna o evangelho uma *boa notícia* para nós, sem a qual não há nenhuma boa notícia, é a conexão, a união objetiva entre Jesus Cristo e a raça humana. Essa conexão significa que um morreu por todos; portanto, todos morreram. Essa união objetiva significa que a morte de Cristo foi a nossa morte; que ali mesmo, em Jesus Cristo, a raça humana foi crucificada, morta e sepultada; que na Cruz do Calvário a nossa doença, o nosso distanciamento, a nossa alienação, a nossa carne, foram crucificados.

Paulo viu isso. Ele viu que a queda de Adão e a nossa, a alienação de Adão e a nossa, o pecado de Adão e o nosso, foram levados a um fim abrupto, que ali mesmo, em Jesus Cristo, tudo foi inteiramente levado à morte. E então Paulo viu a ressurreição. Se estávamos unidos a Jesus Cristo em sua morte, o que aconteceu conosco em sua ressurreição? Ouça o que Pedro diz: "Bendito seja o Deus e Pai de nosso Senhor Jesus Cristo, que, segundo a sua grande misericórdia, *nos* fez nascer de novo para uma viva esperança, pela ressurreição de Jesus Cristo dentre os mortos" (1 Pedro 1:3). Jesus Cristo morreu, e na manhã do domingo de Páscoa, Ele ressuscitou dos mortos. O cerne do evangelho é a notícia de que em sua morte e ressurreição algo estava acontecendo com você, comigo e com a raça humana. Quando Ele morreu, nós morremos. E quando Ele ressuscitou, nós ressuscitamos para uma nova vida, ali mesmo, há 2.000 anos. Ouça como Paulo descreve isso em Efésios 2.

> Mas Deus, que é riquíssimo em misericórdia, pelo seu muito amor com que nos amou, estando nós ainda mortos em nossas ofensas, nos vivificou juntamente com Cristo (pela graça sois salvos), e nos ressuscitou juntamente com Ele e nos fez assentar nos lugares celestiais, em Cristo Jesus (Efésios 2:4-6)

O evangelho é a notícia surpreendente do que aconteceu ao Filho de Deus, e a notícia igualmente surpreendente de que, nele, algo aconteceu à raça humana. Se toda a raça humana caiu em ruína em

Adão — uma criatura, um mero homem — o que aconteceu à raça humana na morte de Jesus Cristo, o Filho de Deus encarnado? Paulo nos conta. Quando Jesus Cristo morreu, nós morremos. Mas isso é apenas o começo. Quando Ele reviveu, nós revivemos. Ele ascendeu e está assentado à direita de Deus Pai todo-poderoso, o lugar de honra, amor, deleite e aceitação completa e absoluta, e Paulo nos diz que em sua ascensão nós também fomos elevados e assentados com Ele à direita do Pai — e ali mesmo acolhidos, aceitos, abraçados para sempre.

O evangelho é a boa notícia do que aconteceu com o Filho de Deus e do que aconteceu conosco, nele. É a notícia de que Adão e todos nós fomos crucificados com Cristo, mortos e sepultados, e no terceiro dia Adão e todos nós fomos vivificados com uma nova vida e ressuscitados com Cristo, e então elevados à destra do Pai em sua ascensão, estamos assentados com Cristo.

O que aconteceu na cruz? Por que Jesus morreu? Como entendemos o significado de sua morte? A morte de Jesus Cristo foi parte de um movimento coeso em que o Deus Triúno tomou conta da raça humana e alterou decisiva e soberanamente a sua existência, purificando-a de toda alienação, vivificando-a com uma nova vida e elevando-a à união com o Pai, Filho e Espírito.

Está consumado.

Capítulo 2:

Uma Observação sobre a Teologia "Evangélica"

Em Jesus Cristo, o véu da mitologia humana foi finalmente e decisivamente penetrado e a verdade surpreendente de Deus foi plenamente revelada (Hebreus 1-3). À medida que a Igreja primitiva lidava com a revelação de Deus em Cristo, ela moldava a visão distintamente cristã de Deus como Pai, Filho e Espírito. Navegando um caminho entre erros à direita e à esquerda, a Igreja veio a compreender que a natureza Trina de Deus não era um mero apêndice a ser anexado a uma doutrina de Deus já existente, mas uma visão revolucionária que era tão fundamental que exigia o repensar arrependido de toda concepção humana de Deus. A relação do Pai, do Filho e do Espírito não é uma verdade entre outras verdades sobre Deus; é *a verdade* sobre Deus. Aqui, a Igreja e o mundo encontram-se diante da luz de todas as luzes, o que não apenas conduz ao verdadeiro conhecimento de Deus, mas também à verdadeira compreensão da criação, da vida e da história humanas.

Em Jesus Cristo, a raça humana é convocada diante de uma visão deslumbrante do Deus Triúno e da paixão eterna da Trindade para nos abençoar além dos nossos sonhos mais incríveis. É uma visão emocionante e bela, mas que entra em conflito com a nossa mente natural, como diz Paulo, pois a mente natural não compreende as coisas do Espírito (1 Coríntios 2:14). Pertence à própria natureza da "revelação" que é necessário arrependimento, uma mudança radical da nossa mentalidade básica, uma reorientação completa da nossa compreensão. Pois a revelação de Deus em Cristo, mesmo sendo tão bela e vivificante, contradiz os nossos padrões naturais de pensamento e confronta as nossas projeções mitológicas, as nossas noções lendárias de Deus, da humanidade e da história humana.

A Igreja é chamada a ser o âmbito dentro da história onde a

revelação de Deus em Cristo pode se manifestar. Por um lado, isto significa que a Igreja é chamada a trazer todas as suas noções de Deus ao tribunal da revelação para serem expostas, avaliadas e julgadas. Por outro lado, significa que a Igreja é chamada a deixar que a luz de Cristo seja a luz que nos ilumina e nos conduz passo a passo para uma clareza cada vez maior. A revelação de Deus como Pai, Filho e Espírito nos chama à fé e à confissão, à contemplação e à adoração, ao arrependimento e à conversão, à obediência e à fidelidade, sustentando a cada passo a promessa de que o conhecimento da verdade nos libertará com tal liberdade, vida e alegria que transcendem este mundo.

A Legalização de Deus

No desenvolvimento da mentalidade teológica ocidental as coisas nunca foram muito claras. Não temos permitido que a revelação de Deus em Cristo exerça o seu devido julgamento sobre a nossa mitologia. Repetidas vezes, noções estranhas sobre Deus têm sido deixadas sem contestação, como se a revelação final de Deus em Cristo fosse apenas uma entre várias revelações. Ideias estranhas sobre Deus, ideias que não foram levadas perante o tribunal da Trindade e convertidas, ideias que podem parecer óbvias e bastante plausíveis para a mente natural, foram permitidas a existir lado a lado com a revelação de Deus em Cristo. Estas ideias não convertidas não apenas distorcem a nossa compreensão de Deus como também moldam a nossa compreensão da relação de Deus com a humanidade, trazendo resultados desastrosos.

Para começar, a santidade de Deus tem recebido um lugar excessivamente proeminente em nossa visão de Deus e na relação entre Deus e a raça humana. Talvez eu esteja indo rápido demais. Na verdade, não é a santidade de Deus *em si*, mas uma visão não convertida da santidade que se infiltrou de maneira predominante em nosso pensamento sobre Deus, e moldou praticamente tudo o que tem sido dito sobre a relação de Deus com a humanidade, incluindo a morte de Jesus na cruz.

Na revelação plena e final de Deus como Pai, Filho e Espírito, recebemos o par de lentes através das quais podemos ver a verdade mais profunda dos conceitos e ideias que estavam começando a tomar forma na longa história de Israel. Como cristãos, como aqueles que acreditam que em Jesus Cristo Deus finalmente rompeu o véu da mitologia humana e revelou a verdade absoluta e eterna, somos chamados a reler o livro e a repensar todas as ideias que estavam se tornando claras em Israel. Pois em Jesus Cristo temos acesso à lógica que emana do próprio ser de Deus e, portanto, ao ritmo e à razão que deram origem ao universo e deram início à jornada da existência humana.

A santidade de Deus, a soberania, a retidão e a justiça de Deus, o amor e a ira de Deus são todos conceitos essencialmente trinitários. Pois Deus não se tornou trinitário repentinamente na época do Novo Testamento. O Deus que encontramos em Jesus Cristo não é um novo Deus. O relacionamento Triúno entre Pai, Filho e Espírito não é uma nova forma que Deus assumiu momentaneamente; Deus é o mesmo desde toda a eternidade. Mas foram necessários milênios para que Deus atualizasse a humanidade sobre a verdade eterna. Toda a história de Israel, desde o Gênesis até Malaquias, constitui o mero "começo" da educação humana. É no final da história, onde Deus finalmente rompe através do erro humano, onde temos a verdadeira luz pela qual podemos e devemos interpretar todas as coisas. Se falhamos aqui, falhamos em ser autenticamente cristãos, pois a falha está em não levarmos a sério o fato de que em Jesus Cristo é que encontramos a verdade eterna sobre Deus que antecede toda a criação.

A santidade de Deus é um daqueles conceitos especiais que começaram a ser formados na mente caída de Israel. Propriamente compreendida, a santidade de Deus é uma ideia trinitária. Se pegássemos a alegria, a plenitude e o amor do Pai, do Filho e do Espírito, seu deleite e paixão mútuo, a união perfeita de seu relacionamento, sua intimidade, harmonia e totalidade, e resumíssemos tudo numa só palavra, seria "santidade." Esta palavra está repleta da maravilha e da beleza, da singularidade, da saúde e da retidão da vida trinitária.

Na tradição ocidental, porém, a conversão cristã da ideia de santidade, a sua trinitarianização, de fato, nunca se desenvolveu. Em vez disso, a santidade de Deus foi separada da Trindade e reconcebida no mundo da jurisprudência romana. Foi revisada através dos conceitos romanos de lei e ordem, crime e punição, justiça cega e fria. Reconcebida neste mundo de aço inoxidável de lei pura, "santidade" passou a significar "perfeição legal" ou "retidão moral". Esta noção de santidade entrou pela porta dos fundos da doutrina de Deus e moldou toda a nossa compreensão da obra de Cristo e do relacionamento de Deus com a humanidade.

Em vez de abraçarmos uma compreensão trinitária da santidade, permitimos que ela fosse interpretada de forma legalista. A face de Deus foi distorcida com um enfoque legalista, tão distorcida que a comunhão do Pai, Filho e Espírito foi virtualmente ofuscada. Quando isso ocorreu, a lógica do universo se transformou. A estrutura dentro da qual entendemos Deus, a criação e a relação entre Deus e a humanidade, passou a ser vista através de uma perspectiva jurídica. Tornou-se "natural" pensar em termos de leis, culpa e punição ao considerar a relação de Deus com os seres humanos. No entanto, esse tipo de pensamento ignora o fato de que existe algo muito mais profundo e antigo na relação de Deus com a humanidade do que a própria lei.

Antes de existir qualquer lei, existia a Trindade e a irreprimível vida, comunhão e alegria do Deus Triúno. A lógica do universo e da existência humana flui desta relação. O propósito eterno deste Deus Triúno não é colocar-nos sob a lei e transformar-nos em religiosos legalistas, mas incluir-nos em seu relacionamento, dar-nos um lugar na sua vida partilhada, sua comunhão e alegria. Se queremos falar em termos de lei, então devemos dizer que a lei deste universo é a decisão primordial do Pai, do Filho e do Espírito de incluir a humanidade na vida Trinitária. Este propósito eterno de adotar a humanidade, de nos incluir no círculo Trinitário, antecede todas as coisas e é a estrutura adequada, ou a lógica, dentro da qual compreendemos a criação, a Queda de Adão, Israel, a vinda de Jesus Cristo e sua morte, ressurreição e ascensão.

Tudo o que o Deus Triúno faz, desde a criação até o grito do intolerável "Não!" diante da Queda, do chamado de Israel à morte, ressurreição e ascensão de Jesus, flui e serve ao único propósito eterno do Pai, do Filho e do Espírito de incluir a humanidade no círculo Trinitário. Não há outro Deus e nenhuma outra vontade de Deus para a humanidade. A união realizada em Cristo, a exaltação da humanidade, nele, à direita de Deus, não é uma reflexão posterior divina; é o prefácio eterno, a única Palavra de Deus desde o princípio. Na linguagem de São Paulo, o Pai nos predestinou para a adoção por meio de Jesus Cristo antes da fundação do mundo (Efésios 1:5). Esta vontade do Pai para a nossa adoção, para a nossa inclusão no círculo de vida partilhado pelo Pai, pelo Filho e pelo Espírito, precede todas as coisas e permanece como a paixão motriz de toda a atividade divina. É a verdadeira lógica através da qual somos obrigados a interpretar o universo e toda a existência humana dentro dele. Jesus Cristo é, de fato, a luz do mundo (João 8:12).

O Eclipse do Evangelho

A tradição ocidental, e dentro dela a teologia evangélica moderna, traduziu Deus e Sua relação com os seres humanos através de categorias jurídicas. Ao fazer isso, perdeu contato significativo com a Trindade e o propósito eterno do Deus Triúno. Uma noção legalista de santidade infiltrou-se na doutrina de Deus e reformulou a lógica da relação de Deus com a humanidade. A Queda de Adão, o chamado de Israel, e a pessoa e obra de Jesus Cristo, especialmente a sua morte na cruz, passaram a ser vistos através desta lógica legalista. Santidade legal, lei e justiça, culpa e punição tornaram-se a lei hermenêutica suprema pela qual até mesmo Deus foi interpretado — ou reinterpretado. Este foi um erro fundamental e o principal pecado do cristianismo ocidental, do qual surgiram todos os tipos de desastres. O preço de tal equívoco é uma visão incrivelmente perversa de Deus que agora está gravada na psique da mente ocidental, uma visão perversa que não só alimenta a nossa ansiedade arraigada, mas também produz uma religião vazia que nos desgasta e nos aborrece com a ideia do próprio "evangelho" em si, deixando-nos mais desesperançados do que nunca.

O evangelho tipicamente pregado pelos evangélicos modernos começa com a afirmação de que Deus é santo (santo no sentido legal). A raça humana caiu em pecado e é culpada diante de Deus. Visto que Deus é santo, Ele não pode permitir que o pecado fique impune — a justiça exige punição. Mas como Deus também é amoroso, Ele envia Jesus Cristo para tomar o nosso lugar. Na cruz, a culpa da raça humana é colocada sobre Jesus Cristo, e Jesus sofre o justo castigo pela nossa culpa. O grito de Jesus: "Meu Deus, meu Deus, por que me desamparaste?" é interpretado como o momento dos momentos em que o Pai, sendo santo demais para olhar para o mal, dá as costas ao Filho em total abandono. O Pai abandona Seu Filho. Esse abandono, esse desamparo e a sua agonia insondável, são então interpretados como o castigo pelos nossos pecados que satisfaz a justiça de Deus — neste modelo legal, ou evangélico.

O primeiro desastre desta interpretação é que ela inverte completamente a obra de Jesus Cristo. O Novo Testamento não diz em lugar algum que *Deus* estava sendo reconciliado na obra de Jesus, mas que Ele estava em Cristo reconciliando *o mundo* consigo mesmo (2 Coríntios 5:18-19). Como Paulo enfatiza, foi enquanto estávamos totalmente vulneráveis, enquanto éramos pecadores que nos havíamos vendido irremediavelmente à escravidão e irremediavelmente nos colocado em oposição a Deus, que Ele agiu para nos salvar (Romanos 5:6-10). No entanto, no modelo jurídico, essa ordem é invertida, de modo que Jesus veio para nos salvar não de nós mesmos e do desastre de Adão, mas de Deus. Mudar Deus tornou-se o objeto da obra de Cristo. Se perguntarmos: "Por que Jesus morreu?", a estrutura legalista implica que Ele morreu para mudar a disposição de Deus Pai. Enquanto a compreensão trinitária vê Jesus enviado pelo Pai para converter a existência adâmica caída a Si mesmo, o modelo legal nos deixa com um Jesus que vem para converter Deus! Na visão jurídica, o resultado da morte de Jesus Cristo é uma mudança fundamental na atitude de Deus para com a humanidade e no Seu relacionamento conosco. O Pai, e não a humanidade caída, é o que é alterado na cruz, na visão legal.

A mensagem clara embutida na forma como a visão legal molda o evangelho é que há um lado de Deus que não é "a nosso favor" de forma alguma, um lado que precisa ser mudado, que precisa ser condicionado a ser gracioso, um lado que precisa ser convertido. Contudo, quando damos à Trindade seu devido lugar em nosso pensamento, vemos claramente que Deus é eternamente "a nosso favor" e, portanto, que não há parte alguma de Deus que precisa ser mudada, convertida ou condicionada. Antes da fundação do mundo, o Pai, o Filho e o Espírito fixaram sobre nós o seu amor determinado e puseram a mão no arado para nos trazer para o círculo de sua vida partilhada. Este propósito permanece. O pecado de Adão não alterou Deus ou o propósito de Deus, de forma alguma. A Queda constitui um problema, com certeza, pois na Queda, a raça humana, que Deus determinou trazer à glória, tornou-se corrupta, alienada, fundamentalmente estrangeira a Deus. Assim, o problema, da perspectiva trinitária, é que a raça humana necessita de uma conversão radical a Deus. A punição nunca foi o ponto. Nunca passou pela mente de Deus e, mesmo que passasse, não ajudaria em nada a superar o problema real da nossa alienação e, assim, cumprir o propósito e os sonhos de Deus para nós. A paixão do Pai é trazer Seus filhos de volta e nos abençoar com todos os tesouros do próprio céu. Para esse fim, o Filho foi enviado à nossa existência, para desfazer a *nossa* alienação, não a de Deus, e converter a nossa existência humana caída a Deus. Esse amor de Deus em ação, esta encarnação agonizante que sofre para converter a humanidade, é a ira de Deus, a completa e ardente oposição do amor de Deus à nossa destruição.

O segundo desastre da interpretação legalista é que ela nos deixa com uma visão de Deus dividida em duas partes opostas. Em vez de ver Deus como Pai, Filho e Espírito e entender que o amor, a misericórdia e a graça de Deus, assim como a santidade, a justiça e a ira de Deus, são todas expressões da comunhão da Trindade e da devoção unificada do Deus Triúno a nós, o modelo legal nos obriga a pensar em Deus como dividido. A mensagem legal cria uma barreira entre o amor de Deus e a santidade de Deus. De um lado está o amor de Deus e, com este amor, a Sua misericórdia e graça. Do outro lado, está a santidade de Deus e, com esta santidade, Sua justiça e ira. Embora um lado de Deus nos ame, esse amor "não pode" nos aceitar até que o outro lado esteja "satisfeito" com o sofrimento adequado. É como se existissem duas vontades de Deus disputando o controle do relacionamento de Deus com a raça humana. Será que devemos acreditar que o Pai tem tal divisão dentro de Si, uma espécie de personalidade dividida? Será que devemos concluir que o lado amoroso do Pai envia o Filho para sofrer o castigo exigido pelo lado santo do Pai, para que o Pai possa então ser completo e ter uma única vontade em relação a nós? Estamos a supor que somente um lado de Deus envia Jesus para nos salvar? Será que Jesus Cristo cura a personalidade dividida do Pai e o unifica em relação a nós? Será que Jesus realmente torna o Pai completo?

Jesus Cristo é a revelação de Deus, não de uma parte de Deus ou de um lado de Deus, mas do próprio ser e caráter de Deus. O que vemos em Jesus é que o Pai nunca nos abandonou e jamais sequer considerou fazê-lo. Jesus é a prova de que o amor do Pai é totalmente inabalável e que Seus sonhos para nós são eternos. O Filho foi enviado pelo Pai para nos encontrar. Ele foi enviado como a expressão viva do fogo do amor no ventre do Pai como a promulgação da eterna Palavra de Deus para que sejamos Seus filhos amados. Ele foi enviado para nos buscar no país distante, para nos purificar de toda alienação e nos trazer de volta para casa a todo custo. Pois o Pai não aceitaria outra coisa. Se queremos falar da morte de Jesus Cristo como "satisfação", devemos saber que o que é satisfeito em sua morte é a completa e sincera devoção do Pai para conosco e Sua determinação incansável de que Seus planos extravagantes para nós sejam cumpridos, mesmo ao custo da vida de Seu Filho amado.

Quando a doutrina de Deus é legalizada, acabamos tendo a visão perversa de um Pai que tem duas opiniões sobre nós. Um lado do Pai nos ama, enquanto o outro lado não está nem aí; na verdade, o outro lado não poderia tolerar tal amor e certamente não poderia permitir que Ele nos abraçasse e nos aceitasse livremente. Isto nos deixa com um Jesus que vem sofrer o castigo exigido pela santidade de seu Pai, para que as mãos do amor do Pai possam ser desatadas e Ele seja finalmente livre para nos abraçar.

Essa imagem, já horrenda e destrutiva o suficiente, mergulha em uma escuridão ainda maior quando noções equivocadas de ira são adicionadas. Se colocarmos esse cenário na linguagem do famoso sermão de Jonathan Edwards, "Pecadores nas mãos de um Deus irado", então aquele momento em que Jesus Cristo toma sobre si o nosso pecado é o momento em que Ele sofre não apenas a justiça ou as consequências do pecado, mas a *ira*. O Deus santo que exige justiça rigorosa, no modelo legal, agora é interpretado como um carrasco irado que exige que Sua ira seja satisfeita.

A noção de Edwards de um Deus profundamente irado agrava o problema. De "Deus não pode" passamos para "Deus não irá" nos aceitar. Não se trata simplesmente de uma questão de santidade exigindo punição suficiente antes que o perdão possa ser permitido; agora é uma questão de Deus cuspindo fogo e pregos e exigindo que Sua vingança sombria seja descarregada e Sua indescritível e justa ira seja satisfeita.

> O arco da ira de Deus está retesado, e a flecha pronta na corda, e a justiça aponta a flecha para o teu coração, e estica o arco, e isso nada mais é do que o mero prazer de Deus, de um Deus irado, sem qualquer promessa ou obrigação que impeça a flecha por um momento de ser

embriagada com seu sangue.[9]

A imagem que Edwards apresenta de Deus está muito longe do Deus de Atanásio e do Credo Niceno. Observe o contraste no espírito e na visão do caráter de Deus:

> Era indigno da bondade de Deus que as criaturas criadas por Ele fossem reduzidas a nada através do engano imposto ao homem pelo diabo; e era extremamente inadequado que a obra de Deus na humanidade desaparecesse, seja por sua própria negligência ou pelo engano de espíritos malignos. Assim, vendo que as criaturas que Ele havia criado estavam a caminho da ruína, o que Deus, sendo Bom, poderia fazer? Permitir que a corrupção e a morte prevalecessem sobre eles? Nesse caso, de que adiantou tê-los criado desde o princípio? Certamente teria sido melhor nunca ter sido criado do que, tendo sido criado, ser negligenciado e perecer; e, além disso, tal indiferença à ruína de Sua própria obra diante de Seus olhos não demonstraria a bondade de Deus, mas uma limitação. ... Era impossível, portanto, que Deus deixasse a humanidade ser levada pela corrupção, pois isso seria inadequado e indigno de Si mesmo.[10]

Para Atanásio, é impensável que Deus virasse as costas à Sua criação. A obra de Deus na criação flui do amor infinito do Pai, do Filho e do Espírito. Se Deus repentinamente se tornasse frio em relação à raça humana, tal mudança indicaria que a frieza, a indiferença ou a neutralidade fazem parte do relacionamento do Deus Triúno — ou então que Deus está repentinamente agindo de forma contrária à maneira como o Pai, o Filho e o Espírito existem desde toda a eternidade.

Em Atanásio, a Queda de Adão é tratada pelo mesmo Deus e pelo mesmo amor transbordante e determinação abençoadora que

---

9 "Pecadores Nas Mãos De Um Deus Irado" em *The Works of Jonathan Edwards* [Edinburgh: Banner of Truth Trust] Vol. 2, p. 9.

10 *St. Atanásio Sobre A Encarnação: The Treatise De Incarnatione Verbi Dei*, traduzido e editado por um Religioso de C. S. M. V. (London: A. R. Mowbray & Co.) § 6.

originaram a criação. A paixão de Deus na criação torna-se o fogo que envia o Filho para salvar. São os sonhos de Deus para nós que são ameaçados na Queda de Adão. Para Edwards, por outro lado, a Queda de Adão é tratada com uma justiça fria, tão fria que não se comove com a destruição da humanidade. O Deus do sermão de Edwards não poderia se importar menos com Sua própria criação. Em Seu coração, por mais indiferente e arbitrário que seja, não há razão convincente para agir pela salvação de Sua criação. O amor apaixonado que Atanásio vê em toda parte, especialmente em resposta à Queda, está estranhamente ausente em Edwards. Em seu lugar temos pura ira.

A legalização de Deus atinge a sua expressão mais radical nesta indignação impassível do Deus de Edward, um Deus que não pode nos aceitar e não está interessado em sequer considerar tal coisa. Até que a flecha atinja o alvo e esteja embriagada de sangue, a vingança, a ira ardente do Deus legalizado, permanece inalterada. E até que essa ira seja descarregada e apaziguada, não há possibilidade de que este Deus aceite pecadores culpados, ou mesmo considere fazê-lo. A justiça legal é uma coisa; esta ira divina é outra bem diferente. Jesus Cristo, neste cenário, vai à cruz não para desfazer a Queda de Adão e nos levar ao Pai, ou mesmo para sofrer as consequências do nosso pecado; Ele vai à cruz para sofrer a ira santa do Deus Pai.

De acordo com os teóricos do castigo, sua afirmação apressada de que o Pai envia o Filho por amor aos pecadores apenas confirma a terrível divisão na personalidade do Pai. Pois, estritamente falando, não é o Pai que envia o Filho, neste modelo; é *um lado* do Pai. O lado amoroso do Pai envia o Filho, enquanto o lado santo do Pai não está nem um pouco interessado em tal misericórdia; na verdade, o lado sombrio de Deus é totalmente contra uma ação tão gratuita.

Esta divisão perversa no Pai, contudo, não é ainda a pior parte deste quadro, pois a legalização de Deus destrói a unidade da própria Trindade. Como é que o Pai tem olhos demasiado santos para olhar para o pecado, mas o Filho não apenas olha para o pecado, mas o toma sobre si; de fato, na mente de Paulo, Ele se tornou pecado? (2

Coríntios 5:21). Como pode o Pai ser mais santo que o Filho? Como podem Eles ter duas visões opostas sobre o pecado? Como pode a Trindade ser tão dividida e o Pai e o Filho tão fundamentalmente diferentes? Como pode o sangue do Pai ferver com tanta ira e estar tão determinado à retribuição quando não há vestígio de tal sentimento em Jesus Cristo?

A questão aqui é se Jesus Cristo é Deus ou não. É verdade que ver Jesus é o mesmo que ver o Pai? Ou Jesus é a revelação de apenas um lado de Deus? Existe um outro lado de Deus por trás de Cristo, um lado que Jesus não revela de forma alguma, e que na verdade Ele vem para mudar? Edwards, e com ele grande parte da teologia evangélica, não teria traído Jesus Cristo aqui, teologicamente falando? Não falhou ele em considerar seriamente a divindade de Cristo ao pensar sobre sua visão de Deus? Qual é a origem deste Deus de indignação impassível? É Jesus? *Somente Cristo* é tanto a declaração fiel de Deus como os cristãos devem enxergá-lo bem como a declaração do caminho da nossa justificação.

O que aprendemos em Jesus Cristo é que Deus é Pai, Filho e Espírito. Observamos essa relação – sua integridade, retidão e bondade, sua unidade, amor, companheirismo e sua ira – evidentes nas páginas do Novo Testamento. É nosso dever cristão, e o mais elevado de todos os privilégios, reler o livro sob esta luz e repensar tudo no universo, incluindo o que pensamos que sabemos sobre Deus, em pura fidelidade à revelação completa e final dada em Jesus Cristo. Qualquer coisa menos que isso não é nem cristão, nem evangélico.

O Legado do Deus Legalizado

No aspecto prático, a legalização de Deus deixou um legado de devastação na alma. Para começar, o modelo legal nos apresenta um evangelho que não tem poder para produzir segurança. Como podem os seres humanos experimentar segurança alguma quando Deus é tão dividido e ambivalente? Qualquer segurança que possa surgir em nossos corações ao ouvirmos sobre o amor de Deus em Jesus Cristo é imediatamente envenenada quando ouvimos que esse amor provém apenas de um lado de Deus. Mesmo que não aceitemos a imagem de Edwards do arqueiro furioso, o modelo legal ainda nos deixa com um Deus ambíguo em relação à humanidade. A estrutura do evangelho, no modelo legal, nos ensina que há um lado de Deus que não gosta de nós, um lado que preferiria nos ver miseráveis, quebrados e escravizados à escuridão do que nos ver plenos, completos e vivendo em alegria. Tal ambiguidade na face de Deus não cura o veneno letal fervendo em nossas almas; ela o alimenta.

O evangelho legal, com o Deus vacilante, é incapaz de produzir paz, esperança e segurança permanente na alma humana. É incapaz de produzir para as nossas almas o descanso que Jesus prometeu. Uma coisa é estar cheio de ansiedade porque não temos conhecimento do coração de Deus para conosco; outra bem diferente é quando o "evangelho" nos diz que o próprio coração de Deus está dividido em relação a nós e, dando-nos todos os motivos para estarmos ansiosos. Longe de trazer alívio, tal mensagem deixa a raça humana mais amedrontada, mais insegura do que nunca, e deixa a Igreja escondida do Pai por trás do sangue de Jesus. O legado do Deus legalizado não é a vida no batismo de segurança, com sua alegria e liberdade; é a vida em ansiedade, com a oração silenciosa para que o outro lado de Deus permaneça quieto.

É de se admirar que a alegria da Igreja seja tão insípida hoje em dia, tão parecida com a "alegria" do descrente? Não sofremos todos da mesma visão distorcida de Deus? A segurança não é um luxo periférico; é o coração e a alma da vida cristã. Sem segurança, nunca experimentaremos a libertação de nosso egocentrismo arraigado, libertação para sair de nós mesmos e nos entregar ao outro. Sem segurança, nunca experimentaremos a liberdade de conhecer e ser conhecidos. Sem essa liberdade, nunca conheceremos a verdadeira comunhão, e sem comunhão nunca experimentaremos a alegria indizível de nossa adoção em Jesus Cristo. Que tipo de vida cristã viveremos então? Enquanto a visão legalizada de Deus estiver gravada na psique da Igreja, a Igreja está condenada a viver na mesma escravidão que o descrente. Pois o salário do legalismo é o mesmo que o salário das trevas — ansiedade, medo e insegurança. Não há batismo de segurança quando Deus é tão dúbio. Sem esse batismo, nossa profunda ansiedade não será aliviada e nosso egocentrismo não será curado.

Na mais estranha das ironias, o Deus legalizado na realidade nos afasta de Jesus Cristo, pelo menos um lado de nós. A ira ardente do Deus legalizado pode (ou não) ser satisfeita em Jesus, mas ainda somos corruptos, ainda doentes, ainda afligidos pelo batismo da ansiedade. Jesus mudou Deus com sucesso, no modelo legal, mas deixou a raça humana quebrada. E pior, somos deixados por nós mesmos para encontrar a cura. Pois Jesus não lidou com nosso afastamento, pelo menos não dentro dessa estrutura. Como então encontraremos a cura real? Para onde nos voltamos para nossa conversão? A ironia aqui é que, apesar de todo o seu foco em Jesus Cristo, a versão legalizada do evangelho acaba nos afastando de Cristo para encontrar nossa conversão em outro lugar. A fé em Jesus Cristo pode reconciliar Deus conosco, mas nos deixa em nossa doença e, portanto, inevitavelmente nos lança em uma busca por uma segunda obra de salvação além de Jesus Cristo, uma busca por algo que pode fazer por nós o que Cristo não pôde fazer, e não fez.

Nós amamos Jesus, com certeza, mas estamos divididos, pois parte de nós sabe por experiência que esse Jesus não é de muita ajuda no mundo real do casamento, família e relacionamentos, do trabalho, lazer e justiça social — não é de muita ajuda nos negócios da *vida*. Então, levantamos uma mão em adoração a Jesus, enquanto tateamos com a outra, procurando algo além dele que possa curar nossas almas e trazer cura para nossas vidas reais — para nossos casamentos enfadonhos e problemas familiares, para nossa depressão e doença mental. Essa busca é o que mantém os autores de autoajuda em atividade, assim como os especialistas em segunda bênção e muitos pregadores e igrejas.

O modelo legal nos deixa com um olho em Jesus e outro escaneando o horizonte em busca da próxima promessa de alívio — um novo programa religioso, uma nova técnica para convencer o Espírito a abençoar, uma nova fórmula para uma vida cristã bem-sucedida — tudo isso nos colocando para correr na roda de hamster até que eventualmente caímos de pura exaustão. Longe de nos encher de esperança ilimitada e nos livrar do medo, para que tenhamos plenitude em nossos relacionamentos reais e belos, o evangelho legal nos faz voltar para nós mesmos. Ele nos força à repressão, ao esconderijo e à autoproteção, de modo que as questões de nossa alma nunca são tratadas e nunca são curadas. A verdade assombrosa de quem somos em Jesus Cristo está acorrentada e não consegue se soltar para se expressar em amor abnegado, em comunhão, na alegria incomparável de nossa adoção em Cristo. Que tipo de vida cristã isso nos deixa vivendo? Por que o mundo que nos observa teria interesse em qualquer coisa que temos a dizer?

A ineficácia do evangelho legalista em tocar nossas vidas reais e aquilo que mais valorizamos como seres humanos deixou o mundo ocidental completamente entediado com a ideia do Cristianismo — tão entediado que é quase impossível darmos a Jesus a devida atenção. O legado do Deus legalista é a ansiedade, e isso significa egocentrismo; e o egocentrismo significa casamentos quebrados e relacionamentos fracassados. Significa equipes de beisebol dominadas por técnicos que justificam sua existência pelas boas performances de seus jogadores; significa pais que não conseguem deixar seus filhos simplesmente brincar e filhos que não conseguem acreditar que seus pais entendem a vida. O egocentrismo transforma nossas vidas em uma longa e frenética tentativa de nos salvarmos, de criar vidas lendárias que ao menos sugiram uma aparência de plenitude. Ele gera uma cultura que se assemelha a um formigueiro perturbado, uma cultura que, no fim, nos deixa exaustos, tristes, vazios e a caminho do bar mais próximo. Enquanto isso, um dia absolutamente glorioso — repleto de uma beleza deslumbrante e uma alegria irreprimível — foi criado para nós pela transbordante generosidade do Deus Triúno.

A Verdade Novamente

A vida que Deus vive como Pai, Filho e Espírito não é entediante, triste ou solitária. Não há vazio nesse círculo, nem depressão, medo ou angústia. A vida trinitária é uma vida de comunhão e intimidade sem limites, alimentada por um amor apaixonado, generoso e por um deleite mútuo. Esse amor, que dá origem a tamanha união e comunhão, transborda em alegria infinita, criatividade ilimitada e uma bondade inimaginável. O evangelho começa aqui, com este Deus e com esta vida divina, pois não existe outro. Antes que o tempo despontasse e o espaço fosse chamado à existência, antes que os céus fossem estendidos e preenchidos com um mar de estrelas, antes que a terra fosse formada e habitada, cheia de vida e de uma beleza infinita, antes de qualquer coisa, existiam o Pai, o Filho e o Espírito e a grande dança da vida trinitária. A verdade extraordinária é que esse Deus Triúno, em um amor impressionante e generoso, decidiu abrir o círculo e compartilhar a vida trinitária com outros. Esta é a única, eterna e imutável razão para a existência do universo e da vida humana nele. Não há outro Deus, outra vontade de Deus, nenhum segundo plano ou agenda oculta para a humanidade. Desde o princípio, Deus é Pai, Filho e Espírito, e desde o princípio, este mesmo Deus determinou que não existiria sem nós.

No evento da Queda de Adão e no desastre absoluto que reverberou por toda a criação de Deus, a única e inabalável vontade do Deus Triuno permaneceu firme. A catástrofe de Adão encontrou o mesmo amor apaixonado e determinado que deu origem à criação no princípio, e, por isso, colidiu com um divino e intolerável "Não!". O Pai, o Filho e o Espírito se opuseram, com paixão e de forma absoluta, à nossa destruição e, imediatamente, iniciaram a obra de reconciliação. Na verdade, Jesus Cristo já estava a caminho da encarnação quando Adão era apenas um pensamento na mente de

Deus. Pois não poderia haver união entre Deus e a humanidade sem um ato surpreendente e humilhante de condescendência por parte de Deus. Antes da criação, a nossa adoção e sua realização em Jesus Cristo foi erguida como o estandarte dos estandartes no céu.

Não foi a Queda de Adão, portanto, que definiu a agenda de Deus; foi a decisão de compartilhar a grande dança conosco por meio de Jesus. A queda de Adão certamente ameaçou os sonhos de Deus para nós, mas essa ameaça havia sido antecipada e já estrategicamente superada na predestinação da encarnação. Jesus Cristo não se tornou humano para consertar a Queda; Ele se tornou humano para cumprir o propósito eterno de nossa adoção e, para que nossa adoção acontecesse, a Queda teve que ser interrompida e desfeita. A catástrofe de Adão certamente fez da estrada da encarnação, e portanto de nossa adoção, uma estrada de dor, sofrimento e morte, mas não criou sua necessidade. Jesus não é uma nota de rodapé para Adão e sua Queda; a Queda, e de fato a própria criação, é uma nota de rodapé para o propósito de Deus em Jesus Cristo.

Diante da queda de Adão, Abraão e Israel foram chamados a ser o núcleo dentro do mundo perdido de Adão, onde a única vontade de Deus poderia continuar sendo revelada e onde o ventre para a encarnação poderia ser preparado. Na plenitude do tempo, o Filho de Deus foi enviado pelo Pai ao país distante da existência adâmica caída. Ali, nascido na escuridão de Adão e no conflito ardente de Israel com Deus, Ele entrou na história humana — e, assim, na violenta contradição entre a humanidade caída e o Deus Triuno. Ali, revestido da pele de Adão, mas recusando viver no mito de Adão, Ele se posicionou como o Filho amado do Pai, amando-o com todo o seu coração, alma, mente e força, e compartilhando todas as coisas com Ele na comunhão do Espírito. Ele suportou a contradição em si mesmo e a resolveu por meio de 33 anos de fogo, provação e sofrimento, caminhando não no caminho de Adão, mas no caminho do verdadeiro Filho. Ele penetrou no núcleo do afastamento e alienação humanos e os experimentou plenamente, mas fez isso como aquele que conhece e ama o Pai, negando assim

61

sua carne adâmica e a crucificando na cruz do Calvário. Dessa forma, curou a terrível ruptura entre Deus e a humanidade perdida em si mesmo. O que emerge do outro lado da cruz é um ser humano vindo do mundo perdido de Adão, que agora se assenta à direita do Pai em comunhão real e permanente com Ele. Jesus não apenas superou a queda de Adão; Ele exaltou a existência humana ao círculo da vida trinitária de Deus e cumpriu o propósito eterno do Deus Triuno para nós.

A própria essência do evangelho está exatamente aqui, em Jesus Cristo, em sua humanidade, em seu relacionamento encarnado com o Pai no Espírito, e na maneira misteriosa como Ele nos incluiu nesse relacionamento. Pois a grande conversão de sua humanidade ao Pai, realizada ao longo de 33 anos de fogo e provação, e consumada de forma decisiva em sua morte e ressurreição, foi um evento vicário. A verdade milagrosa e maravilhosa é que fomos incluídos em seu batismo, em sua vida e morte, em sua ressurreição e ascensão. Quando Ele morreu, nós morremos. Quando Ele ressuscitou, nós ressuscitamos. Quando Ele ascendeu ao Pai, Ele levou toda a raça humana consigo à destra de Deus Pai todo-poderoso — para dentro do círculo de todos os círculos, para a própria vida do Deus Triuno. Com isso, e somente com isso, o Pai está finalmente extasiado, pois nossa exaltação e adoção em Jesus Cristo é o cumprimento da decisão primordial tomada antes do início de todos os mundos.

Com o retorno do Filho encarnado, trazendo a raça humana reunida em seus braços, o Espírito de adoção foi derramado sobre o mundo com a missão singular de nos conduzir ao *conhecimento* da verdade. O Espírito foi enviado para testificar de Cristo, para testemunhar ao nosso espírito que somos filhos de Deus em Jesus e, ao testemunhar, nos chamar a crer na verdade para que possamos experimentar a libertação que ela traz. O Espírito testifica de Jesus Cristo como o Filho amado do Pai, que está à sua direita, e como o Senhor e Salvador da raça humana, que percorreu o universo à nossa procura, nos encontrou e nos levou para casa. À medida que Ele nos conduz ao conhecimento da verdade — não apenas em nossas mentes, como uma mera curiosidade teológica, mas em nossas almas, como a certeza mais sólida de todas — Ele nos traz ao batismo da certeza. Pois ver a nós mesmos assentados com Cristo à direita do Pai, ver-nos amados e valorizados, abraçados e aceitos pelo Pai, deleitados nele, é experimentar um alívio, uma esperança e uma paz indizíveis, e a mais profunda e querida de todas as certezas. Essa certeza, por sua vez, começa a lutar contra nossa ansiedade profundamente arraigada e a nos libertar de seu subproduto, o egocentrismo. Tornamo-nos livres para sair de nós mesmos, para perceber os outros e cuidar deles, livres para conhecer e ser conhecidos, para amar, e assim experimentar verdadeira comunhão. E, nessa comunhão, a própria vida do Deus Triuno, a grande dança da vida compartilhada entre o Pai, o Filho e o Espírito, é liberada em nossas vidas.

É fundamental enfatizar que Jesus Cristo não mudou Deus Pai, assim como nossa fé também não o faz. Antes da criação do mundo, o Pai, o Filho e o Espírito fixaram seu amor generoso e determinado sobre nós e jamais vacilaram. Foi desse amor eterno que Jesus foi enviado para nos encontrar no país distante, para nos tomar em suas mãos, nos purificar de toda alienação e nos trazer ao seu Pai. Em sequência à obra de Cristo, e do mesmo amor eterno, o Espírito foi derramado sobre nós para nos conduzir ao conhecimento da verdade — da verdade sobre Deus e a humanidade em Jesus Cristo — para que possamos experimentar sua libertação e vida. Nossa fé não altera Deus nem um pouco. A fé é, antes de tudo, uma descoberta do coração do Pai, do Filho e do Espírito, uma descoberta dos sonhos impressionantes do Deus Triuno para a nossa bênção, e do fato de que esses sonhos agora se tornaram verdade eterna em Jesus Cristo. Tal descoberta inevitavelmente nos tira o fôlego e enche nossos corações de esperança, paz e certeza. O testemunho do Espírito, quando crido, produz o fruto do Espírito em nossas vidas — águas vivas fluindo de nosso íntimo para nossos relacionamentos, nosso trabalho e nosso lazer. A fé não muda Deus; ela nos muda. Ela nos liberta de nossas mitologias e de sua agonia espiritual — e do modo como essa agonia espiritual envenena nossas vidas. Sem fé em Jesus Cristo, nossas almas — e, portanto, nossos relacionamentos, nosso trabalho e lazer — já estão marcados pela ansiedade. A única cura no universo é ver Jesus Cristo assentado à direita do Pai e a nós mesmos assentados com Ele. A descoberta dessa verdade exige fé, pois nos dá algo em que acreditar, algo tão real, tão sólido e verdadeiro, que crer nisso batiza nossas almas ansiosas com certeza, a força mais libertadora de toda a terra.

Capítulo 3:

Uma Nota sobre "Meu Deus, Meu Deus, por que Me desamparaste?"

O Salmo 22:1 começa com o clamor mais angustiante da Bíblia: "Meu Deus, Meu Deus, por que Me desamparaste?" Tanto Mateus quanto Marcos nos dizem que Jesus fez esse clamor ao morrer na cruz. Para nós, imersos na mentalidade ocidental, com sua estrutura fundamentalmente jurídica, é muito natural enxergar esse clamor de Jesus como a suprema expressão de Seu sofrimento. Com o lado sombrio do Pai em evidência, o Filho assume sobre Si o nosso pecado, e o Pai descarrega a fúria de Sua ira eterna sobre Seu próprio Filho. Nesse momento horrível e indescritível, Jesus grita: "Meu Deus, Meu Deus, por que Me desamparaste?"

Por que somos tão inclinados a focar nessa declaração de Jesus na cruz? Há outras declarações de Jesus naquele momento; por que essa recebe tanta atenção? Por que não dar ênfase a "Está consumado" ou "Pai, em Tuas mãos entrego o Meu espírito"? Seria exagero dizer que mais tinta foi gasta escrevendo sobre "Meu Deus, Meu Deus, por que Me desamparaste?" do que sobre todas as outras declarações de Jesus na cruz juntas? Se isso for verdade, não deve nos surpreender, pois esse é o caminho que seguimos quando perdemos um contato significativo com a Trindade e o propósito eterno do Deus Triúno para nós. Acabamos com um Deus legalista de ira santa e encontramos nossa única esperança na cruz, onde Jesus sofre a vingança de Deus em nosso lugar. Esse versículo certamente fala muito ao nosso coração.

Qual é a interpretação correta desse versículo se o lermos como verdadeiros cristãos, tendo em mente o Deus Triúno, e não um Deus legalista de ira santa?

Esse clamor de Jesus é uma citação direta do Salmo 22. Se lermos o Salmo como um todo, veremos que sua mensagem não termina em desespero, mas em vitória. Ele termina com uma profecia extraordinária:

> Todas as nações lembrarão de Deus, o Senhor, todos os povos da terra se voltarão para Ele, e todas as raças O adorarão.... Os que ainda não nasceram ouvirão falar do que ele fez: "Deus salvou o seu povo" (vv. 27 e 31).
> - NTLH

Entre esse clamor e essa profecia está contida toda a gama de emoções humanas. Os dois primeiros versículos são palavras de profundo desespero: "*Meu Deus, Meu Deus, por que Me desamparaste? ...Ó meu Deus, clamo de dia, mas não me respondes.*" A angústia do salmista é intensificada pelo fato de que seus clamores a Deus são recebidos com um silêncio absoluto. Mas, em meio ao desespero, ele relembra a fé de seus antepassados. Ele retorna às antigas histórias da fidelidade de Deus: "*Em Ti confiaram nossos pais; confiaram, e Tu os livraste. A Ti clamaram e foram libertos. Em Ti confiaram e não foram confundidos*" (vv. 4-5).

Mas então o salmista mergulha ainda mais na escuridão: "*Mas eu sou verme e não homem, o opróbrio dos homens e desprezado pelo povo*" (v. 6). Ele conhece bem a fidelidade de Deus para com os heróis da fé, mas, pensa consigo mesmo, eu não sou um herói. Nem sequer sou uma boa pessoa. O povo me despreza. Zombam da minha confiança em Deus. "Vá em frente, " dizem, "entregue-se ao Senhor e veja o que acontece. Que o Senhor o livre, se é que Ele se importa. "

Quem pode se apresentar diante de Deus e alegar que Ele deve ser fiel a nós com base na nossa própria fidelidade a Ele? No momento em que olhamos para nós mesmos como fundamento da fidelidade de Deus para conosco, o desespero se torna completamente avassalador. Mas, mais uma vez, o salmista faz uma mudança abrupta. Ele desvia o olhar de si mesmo e da zombaria do povo e volta-se para Deus: "Contudo, tu mesmo me tiraste do ventre; deste-me segurança junto ao seio de minha mãe. Desde que nasci

fui entregue a ti; desde o ventre materno és o meu Deus. " (vv. 9-10).
Então, o salmista clama a Deus por livramento:

> "Não fiques distante de mim, pois a angústia está perto
> e não há ninguém que me socorra. Muitos touros me
> cercam, sim, rodeiam-me os poderosos de Basã. Como
> leão voraz rugindo, escancaram a boca contra mim.
> Como água me derramei, e todos os meus ossos estão
> desconjuntados. Meu coração se tornou como cera;
> derreteu-se no meu íntimo. Meu vigor secou-se como
> um caco de barro, e a minha língua gruda no céu da
> boca; deixaste-me no pó, à beira da morte. Cães me
> rodearam! Um bando de homens maus me cercou!
> Perfuraram minhas mãos e meus pés. Posso contar todos
> os meus ossos, mas eles me encaram com desprezo.
> Dividiram as minhas roupas entre si, e lançaram sortes
> pelas minhas vestes.
>
> Tu, porém, Senhor, não fiques distante! Ó minha força,
> vem logo em meu socorro! Livra-me da espada, livra
> a minha vida do ataque dos cães. Salva-me da boca
> dos leões, e dos chifres dos bois selvagens. E tu me
> respondeste." (vv. 11-21). - NVI

O trauma do salmista é esmagador. Os cães, as feras selvagens, os
leões rugindo ao seu redor estão prontos para atacar e matá-lo. Suas
entranhas estão dilaceradas pelo medo. Ele não tem coragem nem
esperança. Ele clama a Deus por livramento.

Então, o Salmo toma outra virada. O desespero termina, e o
louvor começa. Todo o sofrimento se transforma em vitória, de
modo que as futuras gerações olharão para esse momento e verão
que o Senhor realizou a Sua salvação:

> Proclamarei Teu nome a meus irmãos; no meio da
> congregação Te louvarei... Pois Ele não menosprezou
> nem repudiou o sofrimento do aflito, não escondeu dele
> o rosto; mas ouviu o seu grito de socorro (vv. 22, 24).
>
> De Ti vem o tema do meu louvor na grande assembléia...

> Todos os confins da terra se lembrarão e se voltarão para
> o Senhor, e todas as famílias das nações se prostrarão
> diante dele. Pois do Senhor é o reino; Ele governa as
> nações... A posteridade O servirá; gerações futuras
> ouvirão falar do Senhor. E a um povo que ainda não
> nasceu, proclamarão seus feitos de justiça, pois Ele agiu
> poderosamente (vv. 25, 27-31). – NVI

> Os que ainda não nasceram ouvirão falar do que ele fez:
> "Deus salvou o seu povo!" (vv. 31) – NTLH

O Salmo 22 passa da agonia para a intervenção vitoriosa de Deus e culmina em uma profecia de que as futuras gerações olharão para esse momento como a salvação do Senhor dos Exércitos.

Por que Jesus citou o primeiro versículo desse Salmo? Em sua época, ouvir o primeiro verso de um Salmo era como ouvir o início de uma canção favorita. A melodia despertava a lembrança e fazia com que a pessoa continuasse a cantá-la mentalmente. Suspeito que, ao citar a primeira linha do Salmo 22, Jesus estava ativando a memória de todo o Salmo na mente das pessoas ao seu redor, pois todos o conheciam de cor. Ao fazer isso, Ele estava interpretando para eles o significado de Seu sofrimento e morte. Ele estava lhes dizendo o que estava acontecendo.

Na cruz, Jesus certamente se identificou com o sofrimento do salmista, mas também com o Salmo inteiro. O que está acontecendo na cruz? Qual é o significado desse evento? Jesus está respondendo a todas essas perguntas. Ele está dizendo: *Aqui está, bem aqui, no Salmo 22*. Parece que tudo está perdido. Parece que os cães venceram e que Deus Me abandonou, deixando-Me completamente desamparado no abismo. Mas essa não é a verdade. "Pois Ele *não menosprezou* nem repudiou o sofrimento do aflito, não *escondeu* dele o *rosto*" (v. 24). Na verdade, o oposto é a verdade, e toda a humanidade conhecerá essa realidade como a salvação do Senhor.

Na maior das ironias, o clamor de Jesus: "Deus meu, Deus meu, por que me desamparaste?" na verdade dá início a uma linha de pensamento que reinterpreta completamente o que está acontecendo na cruz. Longe de ser um momento perverso em que o Deus irado derrama Sua ira sobre o Filho e o rejeita completamente, a cruz é o momento em que o Pai absolutamente se recusa a abandonar Seu Filho, o momento supremo em que Ele não esconde Seu rosto nem lhe dá as costas em repulsa. Aqui, de acordo com o Salmo e sua interpretação do evento, não há abandono algum. Na verdade, o Salmo nos diz que as gerações futuras verão esse acontecimento não como um ato de rejeição divina, mas precisamente como a presença, o resgate e a salvação de Deus.

Seria acaso que o Espírito tenha dirigido as coisas de tal maneira que o Salmo 22 fosse seguido pelo grande Salmo do Pastor? E se lêssemos adiante, do Salmo 22 para o Salmo 23? O que encontraríamos?

> O Senhor é o meu pastor; nada me faltará. Ele me faz repousar em pastos verdejantes. Leva-me para junto das águas de descanso; refrigera a minha alma. Guia-me pelas veredas da justiça por amor do Seu nome. *Ainda que eu ande pelo vale da sombra da morte, não temerei mal nenhum, porque Tu estás comigo. O Teu bordão e o Teu cajado me consolam.* Preparas-me uma mesa na presença dos meus adversários, unges-me a cabeça com óleo; o meu cálice transborda. Bondade e misericórdia certamente me seguirão todos os dias da minha vida, *e habitarei na Casa do Senhor para todo o sempre.*

Longe de ser um momento em que a ira de Deus é despejada sobre o Filho, a cruz é o momento em que o relacionamento entre o Pai e o Filho triunfa no meio das maiores trevas. Na cruz, Jesus penetrou até o âmago do afastamento adâmico, onde tudo grita que Deus nos rejeitou e nos abandonou ao abismo. Mas foi exatamente ali, exatamente na experiência desse afastamento e horror, que a comunhão entre o Pai, o Filho e o Espírito permaneceu firme. Ainda que eu ande pelo *vale da sombra da morte*, não temerei mal nenhum, *porque Tu estás comigo.*

E se continuássemos lendo do Salmo 23 para o Salmo 24 e

chegássemos àquela magnífica proclamação:

> Levantai, ó portas, as vossas cabeças! Levantai-vos, ó
> portais eternos, para que entre o Rei da glória! (Salmo
> 24:7).

Se tomarmos esses três Salmos juntos, nos deparamos não apenas com os sofrimentos de Jesus na cruz, mas também com Sua ressurreição e ascensão. Somos confrontados com o fato de que o relacionamento entre o Pai e o Filho no Espírito, longe de ter sido rompido, permaneceu firme em meio ao mais profundo desespero humano. Não há abandono por parte do Pai. Mesmo quando Jesus caminhou pelo vale da sombra da morte, o Pai não O abandonou; Ele O salvou. Do outro lado desse vale, o Pai e o Filho ainda estão juntos, e nos encontramos diante da visão dos portões do Céu se abrindo em triunfo e celebração para receber o Filho amado de Deus em Seu retorno ao lar. Levantai, ó portas, as vossas cabeças, porque o Filho do Pai está voltando para casa — e Ele traz consigo toda a raça humana.

> Os que ainda não nasceram ouvirão falar do que ele fez:
> "Deus salvou o seu povo!"

Capítulo 4:

Um Sermão Sobre a Morte de Nosso Bendito Senhor Jesus Cristo

Hebreus 1:1-3

A questão que nos confronta nesta hora é: *Por quê*? Por que Jesus Cristo morreu? Por que foi necessário? Por que teve que acontecer? E com essa pergunta, outras vêm em seguida. O que aconteceu na morte de Jesus? Como podemos compreender Seus sofrimentos? Como podemos entender o que ocorreu nessa que foi a hora mais sombria da história do cosmos?

Há uma parte de mim que diz que o melhor seria não nos aventurarmos aqui. Diante de um evento tão profundo como a morte de Jesus Cristo, deveríamos simplesmente cobrir nossas bocas em absoluto silêncio. Pois quem somos nós para falar de algo tão grandioso? Mas há outra parte de mim que se pergunta: como podemos permanecer em silêncio, quando a ignorância dessa verdade gloriosa nos mantém em cativeiro? Como podemos nos calar quando tantos erros se espalham sobre a morte do nosso bendito Senhor, deixando um rastro de destruição humana?

Somos forçados, como disse Santo Hilário, a "lidar com questões ilícitas, a escalar alturas perigosas, a pronunciar palavras indizíveis e a pisar em solo proibido", a "forçar os pobres recursos de nossa linguagem para expressar pensamentos que são grandes demais para palavras".[11] E assim, oramos com Hilário por "precisão na linguagem, solidez nos argumentos, graça no estilo e lealdade à verdade".[12]

Por que Jesus Cristo morreu? O que aconteceu em Sua morte? A resposta para essas perguntas se encontra em três palavras e no que elas representam.

A primeira palavra é *Trindade*. Se quisermos entender por que

---

11 Hilário, *De Trinitate*, II.2

12 Hilário, *De Trinitate*, I.37

Jesus Cristo morreu, devemos voltar até o princípio — na verdade, antes do princípio. Devemos voltar antes da criação, ao Criador que chamou o universo à existência. Pois a forma como entendemos *Deus*, Seu ser, Seu caráter e Seu coração, molda decisivamente a maneira como respondemos às perguntas: "Por que Jesus morreu e o que aconteceu em Sua morte?"

Assim como a Igreja primitiva foi forçada, por um lado, a enfrentar aqueles que negavam a divindade de nosso bendito Senhor Jesus Cristo, e por outro, aqueles que diziam que Deus é solitário e apenas muda de face, a Igreja formulou e estabeleceu a visão cristã de Deus como Santíssima Trindade. A Igreja primitiva compreendeu que o relacionamento entre o Pai, o Filho e o Espírito, que vemos vivido nas páginas do Novo Testamento, não era uma mera forma assumida por Deus por um breve momento no tempo, mas sim *a verdade* eterna sobre Deus. Deus é, sempre foi e sempre será Pai, Filho e Espírito.

Quando confessamos o Credo Niceno e afirmamos que Jesus Cristo é o *eterno* Filho de Deus, estamos dizendo, juntamente com Santo Atanásio e com toda a Igreja, que nunca houve um tempo em que Deus esteve sozinho, em que o Pai não era Pai, e em que o Filho e o Espírito não estavam presentes. Nunca houve um tempo em que existia apenas Deus, por assim dizer, apenas algum ser supremo abstrato, algum grande motor imóvel sem nome, alguma força impessoal distante em algum lugar. Desde toda a eternidade, Deus é Pai, Filho e Espírito, e isso significa que Deus é fundamentalmente um ser relacional. Isso quer dizer que comunhão e unidade, companheirismo e relacionamento sempre estiveram no centro do ser de Deus, e sempre estarão. É essencial que você entenda isto. E é igualmente essencial que você perceba que a vida compartilhada entre o Pai, o Filho e o Espírito não é entediante, triste ou solitária. Não há vazio nesse círculo, não há depressão, medo ou ansiedade. A vida trinitária é uma vida de comunhão ilimitada e intimidade, impulsionada por um amor apaixonado, generoso e cheio de deleite mútuo. Esse amor ardente, que dá origem a essa comunhão livre e espontânea, transborda em alegria sem limites, criatividade infinita e bondade inconcebível.

Se quisermos compreender por que Jesus Cristo morreu, devemos começar com quem Deus é e, portanto, devemos começar com a Santíssima Trindade — com a abundante, gloriosa, rica e transbordante comunhão do Pai, do Filho e do Espírito. Pois *este Deus Trino* é o Criador, e essa vida divina de comunhão e unidade é o ventre da criação. Essa comunhão divina de alegria sem limites é a razão e o propósito da existência da raça humana e de cada pessoa dentro dela. Não há outro Deus.

A segunda palavra que responde por que Jesus Cristo morreu e o que aconteceu em Sua morte é a palavra *ascensão*. Neste exato momento, um *homem* está assentado à direita de Deus Pai Todo-Poderoso. Agora mesmo, um *ser humano* vive, habita e permanece dentro do círculo dos círculos, dentro de tudo o que significa ser Deus, dentro da própria vida e comunhão do Pai, do Filho e do Espírito. "Ao terceiro dia ressuscitou dos mortos, segundo as Escrituras, e subiu aos céus, onde está sentado à direita do Pai", como diz o Credo.

Não há notícia mais impressionante no universo do que esta: um ser humano agora existe dentro da vida trinitária de Deus. Não foi um anjo ou um espírito que Santo Estêvão viu de pé à direita de Deus no céu. Foi *Jesus*. Foi o Filho *encarnado*. O que poderia ser mais surpreendente do que saber que a comunhão da Trindade se abriu e agora, para sempre, inclui um ser humano dentro dela? Você consegue ver isso? De todas as coisas que lemos na Bíblia, a mais impressionante, a mais chocante, a mais inimaginável é a ascensão do homem Jesus, o Filho *encarnado*.

Agora, deixe-me fazer outra pergunta. A ascensão do Filho encarnado foi um acidente? O fato de que agora e para sempre um *ser humano*, Jesus Cristo, vive dentro do círculo de todos os círculos foi um *plano secundário*? A existência do Filho de Deus encarnado é um pós-escrito, um plano "B" que Deus concebeu e colocou em ação após o fracasso do plano "A" em Adão? Jesus Cristo é apenas uma nota de rodapé na Queda de Adão, uma nota que nunca teria sido necessária ou escrita se Adão não tivesse mergulhado na ruína? Ou Jesus é o plano secreto da Santíssima Trindade desde toda a eternidade? Jesus Cristo, assentado à direita do Pai, é a Palavra eterna de Deus, por meio de quem, através de quem, e para quem todas as coisas foram criadas. Posso afirmar que a ascensão do Filho encarnado já estava nos livros do céu antes mesmo de Adão – e da queda de Adão – serem ideias na mente de Deus.

Primeiro, existe a Santíssima Trindade. Então, vem a decisão surpreendente do Pai, do Filho e do Espírito de nos incluir na vida trinitária por meio da ascensão. Como diz São Paulo, o Pai nos predestinou para a adoção como filhos e filhas *por meio* de Jesus Cristo (Efésios 1:5). Como se pode predestinar a raça humana para a *adoção* através de Jesus Cristo se Jesus Cristo só se tornaria humano caso Adão caísse em pecado? Temos subestimado profundamente o lugar de Jesus Cristo no grande plano divino. Que vergonha para nós! Ele é o Alfa e o Ômega, não uma nota de rodapé. Jesus Cristo não se encaixa no mundo de Adão; é Adão quem se encaixa no mundo de Jesus Cristo.

> Portanto, não se envergonhe de dar o seu testemunho a favor do nosso Senhor, nem se envergonhe de mim, que estou na cadeia porque sou servo dele. Pelo contrário, com a força que vem de Deus, esteja pronto para sofrer comigo por amor ao evangelho. Deus nos salvou e nos chamou para sermos o seu povo. Não foi por causa do que temos feito, mas porque este era o seu plano e por causa da sua graça. Ele nos deu essa graça por meio *de Cristo Jesus, antes da criação do mundo.* (2 Timóteo 1:8-9).

Primeiro, a Trindade e a comunhão bela e abundante entre o Pai, o Filho e o Espírito, e então, o plano surpreendente da nossa adoção por meio da ascensão do Filho encarnado de Deus. E somente dentro desse contexto vem a criação do universo, que prepara o cenário onde se desenrolará o drama do Deus Triúno e da nossa adoção em Jesus

Cristo. E dentro desse contexto vem Adão, um mero homem, que recebe um lugar na história de Jesus Cristo, um lugar de preparação para a encarnação e a ascensão do Filho encarnado. O Filho de Deus já estava a caminho da encarnação e da ascensão antes mesmo do universo ser chamado à existência. Antes da criação, nossa adoção – e sua concretização na ascensão do Filho encarnado – foi levantada como a bandeira suprema nos mais altos céus.

A maioria das antigas teologias protestantes inicia suas discussões sobre a morte de Jesus não com a Trindade e o plano grandioso da nossa adoção, mas com a santidade de Deus e a lei, com a falha humana e o problema do pecado. Elas sobrepõem uma estrutura legal ao coração do Deus Triúno e explicam a morte de Jesus dentro da lógica da lei e da justiça, da culpa e do castigo. Mas essa abordagem obscurece a Trindade e o propósito eterno de Deus para nós, traindo completamente o fato de que há algo muito mais antigo na relação de Deus com os seres humanos do que a lei.

Antes de haver qualquer lei, havia a Trindade e a vida irreprimível, a comunhão e a alegria do Deus Triúno. Então, veio a decisão de conceder aos seres humanos um lugar na vida trinitária através de Jesus Cristo. O propósito eterno de Deus não é nos colocar sob a lei e nos transformar em legalistas religiosos; é nos incluir em Sua relação e nos dar um lugar em Sua vida compartilhada, comunhão e alegria. Se devemos falar em termos de lei, então devemos dizer que a verdadeira lei deste universo é a decisão primordial do Pai, do Filho e do Espírito de conceder à humanidade um lugar na vida trinitária por meio de Jesus Cristo.

Portanto, a primeira coisa a ser dita sobre a morte de Jesus Cristo é que sua morte se encaixa no plano maior e surpreendente do Deus Triúno de nos incluir na vida trinitária. Ele foi predestinado para ser o mediador entre Deus e a humanidade, aquele em quem nada menos do que a vida trinitária de Deus seria unida à existência humana. A vinda e a morte de Jesus são a expressão viva do amor inabalável do Pai pelo Seu propósito eterno: nossa adoção. O que move Jesus Cristo desde a encarnação até a cruz é a paixão incansável e determinada do Pai de nos ter como Seus filhos amados. Ele não nos abandonará. Nunca passou pela mente do Pai nos abandonar. Jesus é a prova.

A primeira palavra é Trindade, a segunda é ascensão, e a terceira palavra é *pecado* – a profunda doença espiritual que infiltrou a raça humana em Adão. O pecado, na Bíblia, não se refere apenas ao ato original de traição de Adão e Eva, mas a todo o pântano de quebrantamento humano, escuridão, alienação e afastamento que tomou posse da existência humana através da falsa crença de Adão. A Bíblia nos diz que Adão e Eva foram criados como o ápice de todas as obras de Deus e estavam diante dele como objetos de Seu afeto pessoal e grande deleite. *Porém*, eles ouviram e creram na mentira da serpente, e ao acreditar na mentira, desconfiaram de Deus. Nesse ato de desconfiança e crença equivocada, abriram a porta para o mal entrar na boa criação de Deus e encontrar um ponto de apoio.

Por meio da incredulidade de Adão e Eva, a *escuridão* infiltrou-se na história humana. E com essa escuridão vieram a solidão e o medo, o isolamento e a perda, a culpa, a tristeza e a angústia, que passaram a habitar a alma humana. Em pouco tempo, a existência foi sendo tomada pela quebra e pelo afastamento, pela frustração, raiva, amargura e depressão, pela inveja, ciúme e discórdia, pela maledicência, calúnia e até mesmo pelo assassinato. A ansiedade tornou-se o veneno amargo que permeou toda a experiência humana — a vida, os relacionamentos e, de fato, toda a criação. A escuridão tomou a alma do homem e começou a arrastar Adão e Eva para uma miséria absoluta, a tal ponto que, como disse Santo Atanásio, a humanidade começou a recair no não-ser e na extinção.

O que Deus fez diante dessa catástrofe? Qual foi a reação do Deus Triúno à queda de Adão? A resposta do Pai, do Filho e do Espírito à ruína de Adão pode ser resumida em uma palavra: *Não!* E nesse *"Não!"* ressoa o eterno *"Sim!"* da Trindade para conosco. A criação flui da comunhão do Deus Triúno e da decisão inabalável e determinada de compartilhar a vida trinitária conosco. Esse *"Sim!"*

determinado de Deus para nós se traduz em um *"Não!"* intolerável diante da queda. Deus é *por nós* e, portanto, se opõe – de maneira absoluta, eterna e apaixonada – à nossa destruição.

Essa oposição, esse *"Não!"* ardente e decidido ao desastre da Queda, é a compreensão correta da ira de Deus. A ira não é o oposto do amor; a ira é o amor de Deus em ação, em oposição ativa ao mal. É precisamente porque Deus nos disse um *"Sim!"* eterno para a vida, plenitude e alegria, que Ele responde à Queda com um retumbante *"Não!"* – "Isso *não* é aceitável. Eu *não os criei* para perecerem na escuridão, *não vocês*." Assim, o sonho da ascensão e da *nossa* adoção em Cristo tornou-se marcado por dor, lágrimas e morte.

Há aqueles que querem nos fazer acreditar que, no dia em que Adão caiu, Deus Pai foi tomado por uma ira sedenta de sangue, exigindo punição antes mesmo de considerar o perdão. E querem que acreditemos que, quando Jesus Cristo foi pendurado na cruz, a ira e o furor do Pai foram derramados sobre Ele, em nosso lugar. Mas isso pressupõe que o Pai foi mudado pelo pecado de Adão, e que Seu coração agora está dividido em relação às Suas criaturas. Eu lhes digo: Deus não muda. A queda de Adão foi recebida pelo mesmo Deus, com a mesma determinação de abençoar e com o mesmo amor apaixonado que deu origem à criação desde o princípio. A Queda foi encontrada pelo Verbo eterno de Deus. O amor do Pai, do Filho e do Espírito é incansável e inabalável, tão firme quanto resoluto e inquebrável.

Como o único plano do Deus Triúno para nossa adoção em Jesus Cristo será cumprido *agora*, no contexto da Queda de Adão e da calamidade que se espalhou como ondas pelo oceano da humanidade? Jesus Cristo entrou na história humana com a ascensão diante de seus olhos, mas o caminho até a ascensão e até nossa adoção agora está pavimentado com dor, sofrimento e morte. Pois como se chega da Queda de Adão à destra de Deus Pai Todo-Poderoso? O único caminho é através da morte. A Queda precisa ser desfeita. Adão precisa ser completamente convertido a Deus. A existência humana, quebrada, afastada e corrompida, precisa ser radicalmente circuncidada, sistematicamente recriada, totalmente e profundamente transformada, reorientada para o relacionamento correto com o Pai.

Por que Jesus Cristo morreu? O que aconteceu em sua morte? Jesus Cristo morreu porque o Pai não nos abandonaria, porque o Pai tinha um sonho para nós que Ele não renunciaria, porque o amor do Pai por nós é infinito e inabalável. E Jesus morreu porque o único caminho da Queda de Adão até a destra do Pai era através da crucificação da existência adâmica.

Jesus Cristo não foi à cruz para mudar *Deus*; Ele foi à cruz para nos mudar. Ele não morreu para apaziguar a ira do Pai ou para curar um suposto coração dividido de Deus. Jesus Cristo foi à cruz para interromper a Queda e desfazê-la, para converter a existência adâmica caída ao Pai, para eliminar sistematicamente nossa separação, a fim de cumprir o sonho do Pai para nossa adoção em sua ascensão.

O preço de sua missão foram 33 anos de fogo e provação, 33 anos de tentação, com gritos e lágrimas. Na *encarnação*, a comunhão e a vida da Santíssima Trindade estabeleceram uma fortaleza dentro da alienação humana. Na *vida* de Jesus Cristo, a comunhão da Trindade começou a abrir caminho através do curso inteiro do pecado humano, da separação e do exílio. O Filho fiel e amado entrou no mundo caído de Adão, mas se recusou a *cair* com ele. Durante 33 anos, Ele lutou, momento após momento, golpe após golpe, martelando a existência adâmica caída de volta ao relacionamento real com o Pai.

O que vemos no Getsêmani, quando Jesus cai com o rosto em terra, a angústia dilacerante, a dor e o peso esmagador, a luta, a paixão, o sofrimento — tudo isso é uma janela para a vida inteira de Cristo. Toda a sua vida foi uma cruz, como disse Calvino. Desde o momento de seu nascimento, Ele começou a pagar o preço de nossa libertação. Sua vida inteira foi uma jornada angustiante de luta, sofrimento, provação, tribulação e dor, enquanto Ele penetrava cada vez mais fundo na alienação humana.

Na *cruz*, Jesus Cristo fez contato com o Jardim do Éden, com Adão e Eva escondidos em medo, com o pecado original, com a mentira original e sua escuridão. Ali, o Filho do Pai mergulhou no mais profundo abismo da alienação humana, no pântano da escuridão, da separação e da miséria humana. Ele se batizou nas águas da Queda de Adão.

Ali, na cruz, Ele penetrou a última fortaleza das trevas. Ali, Ele caminhou até as profundezas mais sombrias de nossa separação. Ali, o intolerável *"Não!"* que Deus Pai gritou contra a Queda de Adão encontrou seu verdadeiro cumprimento no *"Sim!"* de Jesus: "Pai, em Tuas mãos entrego o meu espírito", ao dar seu último passo rumo ao desastre de Adão. Jesus morreu — e com Ele morreu a Queda de Adão.

Irmãos e irmãs, aquele foi o momento mais escuro da história do cosmos. Mas, ao mesmo tempo, como poderia ser? Pois as trevas que invadiram a história humana e causaram tamanho estrago na raça humana, naquele dia e naquele momento, encontraram a luz da vida Trinitária em Jesus Cristo na cruz do Calvário. Como poderiam as trevas vencer? Da mesma forma que o simples acender de uma luz dissipa a escuridão em nossas casas, assim a luz e a vida do Deus Triúno conquistaram as trevas e a própria morte, naquele momento, na própria pessoa de nosso bendito Senhor Jesus Cristo, o Filho encarnado de Deus.

Não celebramos uma Sexta-feira Sombria mas uma Sexta-feira Santa, onde a santidade de Deus, no ápice da bondade suprema, do amor e do sacrifício divino, foi manifesta em toda a criação. Amém.

Suggestions for further reading

Anselm *Cur Deus Homo*. Edinburgh: John Grant, 1909.

Athanasius *On the Incarnation of the Word of God*. London: A.R. Mowbray & Comp., reprint, 1963.

Aulen Gustaf *Christus Victor*. London: SPCK, 1950.

Barth, Karl *Church Dogmatics*. Edinburgh: T & T Clark.

'The Miracle of Christmas.' In *Church Dogmatics* l/2, pp. 172- 202.

'The Covenant as the Presupposition of Reconciliation.' In *Church Dogmatics* IV/1, pp. 22-54.

'The Way of the Son of God into the Far Country.' In *Church Dogmatics* IV/1, pp. 157-211.

'The Judge Judged in our Place." In *Church Dogmatics* IV/1, pp. 211-283.

'The Homecoming of the Son of Man.' In *Church Dogmatics* IV/2, pp. 36-116.

Calvin, John *The Institutes of the Christian Religion, Book II*, edited by John T. McNeill and translated by Ford Lewis Battles. Philadelphia: The Westminster Press, 1960

Campbell, John McLeod *The Nature of the Atonement*. Reprint with Introduction by James B. Torrance. Grand Rapids: Wm. B. Eerdmans Publishing Company, 1996.

Forsyth, P. T. *The Work of Christ*. London: Hodder and Stoughton, reprint 1946.

Kruger, C. Baxter

Parable of the Dancing God. Jackson, Mississippi: Perichoresis Press, 1995.

God Is for Us. Jackson, Mississippi: Perichoresis Press, 1995.

Home. Jackson, Mississippi: Perichoresis Press, 1996.

The Secret. Jackson, Mississippi: Perichoresis Press, 1997.

Lewis, C. S. 'The Weight of Glory.' In *The Weight of Glory and Other Essays*. Grand Rapids: Eerdmans Publishing Company, 1965, pp. 1-15.

The Great Divorce. New York: Collier Books, Macmillan Publishing Company, 1946.

Torrance, J.B. 'The Vicarious Humanity of Christ.' In *The Incarnation: Ecumenical*

Studies in the Nicene Constantinopolitan Creed, edited by T. F. Torrance, pp. 127-147. Edinburgh: The Handsel Press, 1981.
The Orthodox Way. London: Mowbray, 1979.

Torrance, T. F. *The Mediation of Christ.* Grand Rapids: Eerdmans Publishing Comp., 1983.
Preaching Christ Today. Grand Rapids: Wm. B. Eerdmans Publishing Co, 1994.
The Trinitarian Faith: The Evangelical Theology of the Antient Catholic Church. Edinburgh: T & T Clark, 1988.
'The Atoning Obedience of Christ.' *Moravian Theological Seminary Bulletin* (1959) pp. 65-81.
'The Resurrection and the Person of Christ' and 'The Resurrection and the Atoning Work of Christ.' In *Space, Time and Resurrection.* Edinburgh: The Handsel Press, 1976, pp. 46-84.

Weinandy Thomas G., *In the Likeness of Sinful Flesh.* Edinburgh: T & T Clark, 1993.

Outros Livros de C. Baxter Kruger

Patmos:
Três Dias, Dois Homens
Uma Conversa Extraordinária

Quando Aidan se vê longe de sua terra natal no Mississippi, ele inexplicavelmente encontra o apóstolo João na ilha de Patmos. Abatido pelo mundo moderno e desesperado por respostas que seus anos de estudo não conseguiram satisfazer, Aidan se depara com percepções surpreendentes do discípulo amado de Jesus. Os dois iniciam um diálogo extraordinário sobre verdade e mentira, revelação e engano, tristeza e alegria. Segunda Edição.

"Patmos é uma porta de entrada para uma teologia profunda e envolvente, capaz de transformar vidas!"

WM. PAUL YOUNG
Autor best-seller nº 1 do The New York Times de A Cabana

A Mediação de Jesus Cristo

"Um livro digno de ser pregado em alguma porta!"

JOHN FERGUSON, MD, ESCÓCIA

União ou Separação? Essa é uma pergunta importante. Muitos de nós, talvez a maioria, começamos com a ideia de separação de Deus, porque a Igreja Ocidental tem pregado essa visão por tanto tempo que nem percebemos que havia outra maneira de enxergar as coisas. Mas, uma vez que tiramos os óculos da separação e colocamos os óculos da União... Oh, meu Deus! Como tudo muda! Dr. C. Baxter Kruger tem enfatizado esse ponto há mais de 30 anos. Seu novo livro, *A Mediação de Jesus Cristo*, é o resultado de uma vida inteira de estudo, pregação, discussão e experiência vivida a partir da perspectiva da união – união do Pai, Filho e Espírito, união de Jesus com toda a humanidade e, de fato, união com toda a criação. Esperamos que este livro ajude você a ver as coisas através de uma nova perspectiva – as lentes através das quais os Pais da Igreja primitiva enxergavam Jesus, Seu Pai e o Espírito. Deixe as palavras deste livro mergulharem profundamente em seu coração, mas antes de começar a leitura, peça ao Espírito que abra seus olhos e pergunte a Ele se isso é verdade.

RANDY BAXTER

De Volta à Cabana

Milhões de pessoas tiveram sua fome espiritual satisfeita através de A Cabana, best-seller nº 1 do *The New York Times* de William P. Young – a história de um homem resgatado do desespero por meio de um encontro transformador com Deus Pai, Deus Filho e Deus Espírito Santo. *De Volta à Cabana*, de C. Baxter Kruger, nos leva a uma compreensão mais profunda dessas três pessoas divinas, ajudando-os a desenvolver uma conexão mais significativa com a mensagem central de *A Cabana* – de que Deus é amor.

"Baxter Kruger surpreenderá os leitores com sua combinação única de brilhantismo intelectual e genialidade criativa, levando-nos profundamente à maravilha, adoração e possibilidade que é o mundo de *A Cabana*."

WM. PAUL YOUNG
Autor de A Cabana e Eva

Através dos Mundos
Jesus em Meio à Nossa Escuridão

Inspirado pela visão da Igreja Primitiva sobre Jesus, em *Através dos Mundos*, Baxter Kruger nos confronta com o fato surpreendente de que Jesus estabeleceu uma relação real e pessoal conosco em meio à nossa escuridão. Jesus não está ausente – Ele está presente conosco e em nós exatamente como somos, não como fingimos ser aos domingos de manhã. Ele está nos lugares onde sentimos vergonha e onde nossos medos se escondem. Jesus se recusa a ser o Filho do Pai e o Ungido pelo Espírito sem nós, e o "nós" que Ele se recusa a deixar para trás é o nosso "nós" quebrado, teimoso e cego.

Estamos prestes a embarcar em uma jornada selvagem e libertadora, mas Jesus não nos soltará até que vejamos o que Ele vê, saibamos o que Ele sabe, sintamos o que Ele sente e vivamos em Sua liberdade.

"*Através dos Mundos* é um livro extraordinário que recomendarei sem hesitação..."

PROFESSOR ALAN J. TORRENCE
Universidade de St. Andrews, Escócia

A Grande Dança
A Visão Cristã Revisitada

Desde a maternidade até o beisebol, dos relacionamentos e da música ao golfe e à jardinagem, Kruger mostra como nossa existência humana deve ser compreendida como participação na vida do Pai, Filho e Espírito. Passo a passo, ele nos conduz pelos enganos do mal e pelos caos que criamos em nossas vidas. Mais importante ainda, ele explica por que sofremos, o que realmente buscamos e como chegar lá, além de mostrar por que a fé em Jesus Cristo é essencial para uma vida abundante. Escrito com ritmo, poesia e graça cativante, *A Grande Dança* é a voz da Igreja antiga falando conosco através dos séculos, pela pena de um sulista apaixonado pela vida. Esta é teologia em seu melhor – profundamente enraizada na tradição, mas ao mesmo tempo nova, empolgante e até revolucionária; pessoal e honesta, mas universalmente relevante.

Deus é Por Nós

O livro *Deus é por Nós* nos leva ao coração do evangelho. Composto por cinco palestras brilhantes, ele é claro e acessível, mas desafiador. Dr. Kruger é um filho do Ocidente que desafia aquilo que muitos sabem que não pode ser verdade. O capítulo de abertura, "O Evangelho Eterno do Pai", continua pessoalmente sendo o favorito de Baxter.

"Descobrir que Deus é 'por nós' será uma experiência transformadora para aqueles que cresceram sob a opressão de uma teologia que nos empurra a 'fazer algo para Deus!' Eu gostaria que pastores sobrecarregados lessem este livro antes de pregar outro sermão, e que cristãos desanimados absorvessem sua mensagem antes de irem à igreja novamente!"

RAY S. ANDERSON, PH.D.
Ex-Professor de Teologia e Ministério, Fuller Theological Seminary

Livretos de C. Baxter Kruger

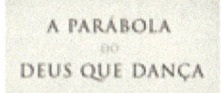

A Parábola do Deus que Dança

Baseado na história de Jesus sobre um pai e seus dois filhos, o primeiro livro de Dr. Kruger – e agora um best-seller internacional – é um retrato curto e poderoso da surpreendente verdade sobre Deus. Longe de ser um legalista que mantém registros e nos observa como um falcão para ver se seguimos suas regras, o Pai que Jesus revela é um Pai apaixonado, que nos ama para sempre e não deseja nada de nós além de que conheçamos Sua aceitação e alegria, e vivamos em Sua liberdade. Amado ao redor do mundo e utilizado por pastores, terapeutas e grupos de recuperação, este pequeno livro nos coloca face a face com o coração paterno de Deus. É simples, direto e incrivelmente belo.

"Por 55 anos, 11 meses e 16 dias, tentei acertar. Quero dizer, tentei muito. Passava das 11 da noite quando decidi ler este pequeno livreto, 'A Parábola do Deus que Dança', que meu genro me enviou. Quando cheguei à terceira página, senti como se tivesse sido atingido no rosto por uma frigideira de ferro. Deitei no travesseiro, atordoado, e disse: 'Deus, será que eu estive pensando errado a vida toda?' A resposta foi simples e clara: 'Sim.' E isso é apenas a ponta do iceberg."

JULIAN FAGAN,
Advogado, Amory, Mississippi

O Segredo
O Que Você Sabe, Mas Nunca Soube

Este livro é um verdadeiro feixe de laser cortando a névoa da confusão religiosa. Com apenas algumas páginas, você verá Jesus Cristo não como um espectador que simplesmente o observa à distância, mas como o segredo da sua própria existência. Você passará a enxergar a si mesmo e sua vida como nunca viu antes. Simples. Claro. Surpreendente. Este livro deveria ser leitura obrigatória para todas as pessoas no mundo ocidental.

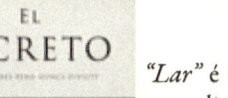

Lar
O Sonho Inconsolável

"Lar" é uma das palavras mais evocativas e marcantes da nossa linguagem. Como qualquer outra palavra, é apenas uma combinação de letras, mas possui a extraordinária capacidade de nos falar profundamente e um poder quase mágico de tocar nossas almas. Por que isso acontece? O que há nessa palavra? Por que parece ter essa habilidade tão especial de nos impactar tão profundamente?

Para Mais Informações

Por favor visite: www.perichoresis.org

Aqui você encontrará diversos recursos, incluindo acesso gratuito a podcasts, vídeos, diagramas, ensaios e palestras. Você também poderá comprar livros e produtos e acompanhar eventos.

Não se esqueça de assinar nossa newsletter e nosso canal gratuito no YouTube:

Astonished Hearts with Dr. C. Baxter Kruger and Friends.

Se quiser participar de uma comunidade online e acessar discussões mensais ao vivo com Dr. Kruger, inscreva-se no nosso canal no Patreon.

Patreon – Across All Worlds

Use este código para o website onde você poderá ter acesso aos recursos acima.

www.perichoresis.org

E por favor siga-nos na Rede Social:

https://www.facebook.com/PerichoresisConnection

https://twitter.com/perichoresismin

https://www.instagram.com/perichoresisconnection/

https://www.youtube.com/channel/UCGVk0Qg4R_vDleIygjLrqPQ